Direitos sociais em tempos de crise

A redução das prestações estatais e o princípio da segurança jurídica

ANA LUIZA KUBIÇA PAVÃO
ESPINDOLA

CONTEÚDO

1 INTRODUÇÃO

Os direitos sociais, embora previstos constitucionalmente no rol de direitos fundamentais, ainda são alvo de dúvidas por parte da doutrina e da jurisprudência, que questiona a sua fundamentalidade. Por outro lado, a grande maioria de renomados autores sustenta entendimento ao qual aqui se alinha, no sentido de haver mínimas diferenças entre direitos individuais e direitos sociais, estabelecendo que ambas as classes de direitos deveriam gozar de proteção jurídica de mesma intensidade.

Considerando a evolução histórica dos direitos de segunda dimensão, percebe-se impossível a concretização de um Estado Democrático de Direito sem a elevação de direitos sociais a direitos fundamentais. Ademais, somente se pode considerar um Estado verdadeiramente democrático quando comprometido com a busca pela dignidade da pessoa humana, a qual não tem como se consubstanciar sem a efetivação de direitos de igualdade.

Todavia, em épocas e Estados que enfrentam crises econômico-financeiras, como as recorrentes atualmente em diversas nações, a redução de prestações positivas, asseguradoras de direitos sociais, costuma se apresentar como uma das principais medidas de retenção de gastos governamentais para adequação a orçamentos restritos. Não raro, essa contenção de despesas é incorporada ao discurso político como essencial à mantença do Estado, e o seu oposto é professado como uma ameaça à estabilidade econômica nacional.

Sob viés oposto, se a concretização de direitos de segunda dimensão depende diretamente de prestação estatal que os assegure, há quem defenda que a redução no fornecimento de serviços sociais constitui ofensa à segurança jurídica, especialmente no seu sentido substantivo, uma vez que gerada uma crença legítima nos cidadãos de que a situação anterior à redução seria mantida. Cabe aqui mencionar a relação genética existente entre a segurança social (no sentido da garantia de direitos social e da vida com dignidade) e a segurança jurídica.

Assim, especialmente em momentos de crise e de busca por contenção de gastos públicos, entram em tensão dois discursos fundamentais. A seu turno, setores governamentais defendem que devem ser reduzidos os investimentos em direitos sociais e, assim, assegurar a manutenção do Estado pelos próximos anos. Em contraponto, há o entendimento de que a mitigação de prestações estatais positivas caracteriza a própria falência do Estado, porquanto este se mostra incapaz de atender ao objetivo primordial pelo qual foi criado – conferir segurança jurídica a todos os indivíduos sujeitos, atendendo parcela de seus direitos essenciais - e, dessa forma, perde a sua legitimidade e razão de existir.

Para buscar uma resposta adequada a esse dilema é que se realiza o presente estudo, resgatando, inicialmente, as razões históricas da existência do Estado e dos direitos fundamentais sociais, de onde se extrai a função primária de cada um – funções estas que devem ser respeitadas, respeitadas as variações inevitáveis provenientes do transcurso do tempo, a fim de que se mantenha a legitimidade de cada instituto.

Em seguida, passa-se a uma análise mais profunda da segurança jurídica propriamente dita, de suas diversas dimensões e dos seus aspectos mais correlacionados aos direitos sociais, na tentativa de descobrir se reduzir prestações estatais garantidoras de direitos de segunda dimensão implica ofensa à segurança jurídica.

Por fim, para superação do dilema entre aqueles que defendem a redução de prestações sociais em momentos de crise financeira e aqueles que sustentam a continuidade das políticas públicas de natureza social a qualquer custo, procura-se uma solução trazida do próprio direito administrativo e do princípio da segurança jurídica, com alguma adaptação ao seu uso tradicional.

Assim, resgatando o entendimento da doutrina clássica sobre a própria origem Estado e a sua evolução e alicerçando-se na doutrina contemporânea administrativa acerca do princípio da segurança jurídica e dos direitos fundamentais, propõe-se estudar qual é o limite ao qual a prestação garantidora de direitos sociais pode ser restringida sem que essa providência caracterize uma violação a direitos sobre os quais recaía confiança legítima de efetivação, corrompendo a própria razão de existir do Estado.

2 A EVOLUÇÃO DO ESTADO E DA SUA FUNÇÃO QUANTO À TUTELA DE DIREITOS SOCIAIS E AO PRINCÍPIO DA SEGURANÇA JURÍDICA

Há muito se aceita que o Estado, tal qual o Direito, surgiu da vontade de organizar a sociedade e definir quais os bens juridicamente tutelados, bem como quais aqueles que fogem da esfera de proteção jurídica. Os homens "se organizam para que haja um mais racional, por conseguinte melhor, atendimento de suas necessidades" (CALMON DE PASSOS, 1988, p. 85).

As teorias contratualistas explicam que o sujeito, ao assumir e querer a existência do Estado, aceita perder parte de sua liberdade, em detrimento do governo, para em troca receber deste segurança. Ou seja, assenta-se uma "cláusula comutativa: recebe-se em segurança aquilo que se concede em liberdade" (BARROSO, 2001, p. 55).

Tamanha é a importância da segurança que ela está historicamente presente em diversos documentos jurídicos internacionais e Constituições modernas, tendo adquirido a condição de direito humano e fundamental, pelo menos, desde a Declaração dos Direitos Humanos de 1948. No Brasil, a Constituição da República Federativa de 1988 assegurou a segurança, em seu aspecto geral e em algumas delimitações específicas (direito adquirido, coisa julgada e ato jurídico perfeito), no importante rol do artigo quinto e em alguns outros dispositivos esparsos pelo texto constitucional (SARLET, 2005).

A segurança a ser providenciada pelo Estado não se traduz apenas na garantia de (não violação de) direitos, mas também, ao menos em Estados de Direito, na segurança social, pública, pessoal e jurídica (SARLET, 2005). Para Almiro do Couto e Silva (2017), é a segurança jurídica que confere certa tranquilidade aos indivíduos, tanto no que se refere às obrigações contraídas no passado e os seus efeitos no presente, que se espera sejam mantidos, quanto aos objetivos para o futuro, que se almeja concretizar através de passo-a-passo já iniciado hoje e que se espera permaneça o mesmo (ou ao menos similar) até o atingimento do desígnio.

Já sob a ótica da garantia de direitos, o Estado atua para assegurar que estes não sejam infringidos (atuação negativa) – seja pelos entes estatais, seja por particulares – e, dependendo do momento histórico, atua também positivamente, para promover, através de políticas públicas, direitos que exigem ações para serem efetivados, a exemplo da educação e da saúde.

Conjugando-se esses prismas, pode-se dizer que o Estado existe para regular expectativas, ao prescrever, através do ordenamento jurídico, quais condutas são aceitas ou não, quais direitos são assegurados ou não e, por conseguinte, orientar as ações dos particulares, que esperarão de terceiros conduta igualmente alinhada às normas prescritas e em respeito aos direitos dos demais. Caso haja infração de tais normas, espera-se proteção jurídica no sentido de reparar a violação e, quando possível, assegurar o direito afetado.

Assim, não há como se falar em um Estado de Direito sem ordenamento jurídico que consolide um rol de direitos fundamentais, da mesma forma que não há como se cogitar a existência de Direito sem segurança jurídica, sendo esta indissociável da noção de Direito (COUTO E SILVA, 2017).

Para melhor compreender essas correlações mostra-se útil contextualizá-las no tempo.

2.1 A SEGURANÇA JURÍDICA: DA ORIGEM DO DIREITO AO ESTADO DEMOCRÁTICO DE DIREITO

O Direito não teve seu nascimento motivado por valores nobres, como a justiça social, a ética ou a igualdade, mas sim pela necessidade urgente de segurança (RECASENS SICHES, 2008, p. 220)[1], de proteção contra arbitrariedades que poderiam ser perpetradas a qualquer um e por qualquer um.

---

[1] "Es verdad que en el Derecho deben encarnar valores superiores, como el de justicia y los demás valores que ésta supone e implica; es verdad que el Derecho debe ser el vehículo de realización de tales valores en la vida social; es verdad que el Derecho no estará justificado sino en la medida en que sirva a dichos valores; pero es verdad también que el Derecho no surge primeramente como mero tributo a esos valores de superior rango, sino al impulso de una urgencia de seguridad. Si no preguntarnos ¿por qué y para qué los hombres establecen el Derecho? Y si, para ello, tratamos de descubrir el sentido germinal del surgimiento del Derecho, a fin de percatarnos de su esencia, caeremos en la cuenta de que la motivación radical que ha determinado el orto del Derecho no deriva de las altas regiones de los valores éticos superiores, sino de un valor de rango inferior, a saber: de la *seguridad* em la vida social." (RECASENS SICHES, 2008, p. 220).

Exemplificativamente, as comunidades humanas primitivas, que careciam de sistemas sociais melhor organizados política e juridicamente (FREITAS, 2012), realizavam vinganças privadas contra quem houvesse praticado uma ação reputada injusta. Todavia, frequentemente a pessoa sobre a qual recaiu a vingança, por possuir um conceito diverso de justiça, acreditava que a vingança havia sido exagerada, desproporcional à agressão cometida, e se sentia lesada.

Não raro, esse conflito entre o que duas pessoas ou dois grupos pensavam sobre o conceito de justiça fazia com que o vingado se sentisse com o direito de "vingar-se da vingança", gerando um ciclo de violência entre as tribos envolvidas e prejudicando a estabilidade comunitária (ESPINDOLA, 2016). "O surgimento das organizações sociais mais estruturadas trouxe a consciência de que a vingança sem medida podia dizimar as tribos, levando ao abandono da vingança privada" (FREITAS, 2012).

Assim, foi para buscar maior estabilidade nas relações sociais – e por consequência maior segurança – que emergiram as primeiras normas, por vezes de índole religiosa, ora de índole jurídica. Caso houvesse alguma infração, quem se sentiu lesado deveria se dirigir a um representante da comunidade, para que este verificasse se a "vingança" pretendida estava de acordo com as normas estabelecidas e, em caso afirmativo, autorizasse-a (FREITAS, 2012).

Em alguns casos, as regras postas podiam ser vistas como injustas, mas a preferência pela previsibilidade e estabilidade que delas provinham as fez permanecerem como típicas de todas as sociedades organizadas até os dias de hoje, em cada vez mais elevado nível de técnica e complexidade. Isso não quer dizer que se privilegiou a segurança em lugar da justiça, apenas que, dada a existência de diversas concepções variáveis sobre o que é justo, dá-se preferência a uma determinada concepção, enquanto os sujeitos que defendem as demais aceitam abdicar de seu próprio entendimento e agir conforme a norma, para que em troca obtenham segurança.

A justiça, no entanto, permanece sendo o norte da aplicação do Direito, como esclarece o filósofo do direito Luis Recasens Siches (2008): "Desde luego que con la certeza y la seguridad no basta, pues la certeza y la seguridad deben darse en normas justas; pero certeza y seguridad constituyen el sentido formal de la función del Derecho". No entanto, os significados tanto de justiça quanto de segurança variam conforme o momento histórico, tendo sido reformulados de acordo com cada estágio evolutivo do Estado (GOMES; ZAMARIAN, 2018).

Com a ascensão do Estado Liberal, logo após a derrubada dos monarcas absolutistas do poder, consolidou-se a intenção de combater os resquícios de arbitrariedade e excesso de autoridade remanescentes do estado anterior. Para isso, valorizou-se a codificação e a restrição da atuação estatal aos limites estritos da lei, concedendo-se supremacia absoluta ao direito escrito

(CAPELLETTI, 2001, p. 28).

Bonavides (2014, p. 81), resgatando teoria de Bluntschli – por ele considerado "um clássico do liberalismo em sua melhor acepção" – esclarece que na época havia um Estado com separação relativa entre os poderes Executivo, Judiciário e Legislativo, embora com supremacia deste último, encarregado da elaboração das leis e recém transformado no detentor da soberania naquele período político (MARINONI, 2008, p. 26). Logo, aí se formou o "Estado da lei, o Estado organismo jurídico" (BONAVIDES, 2014, p. 81), um governo da lei, e não um governo dos homens (BONAVIDES, 2014, p. 72), um Estado de Direito (CALMON DE PASSOS, 1988, p. 90).

Considerando que as normas provinham do poder soberano, os magistrados não podiam optar por não as aplicar ou aplicá-las de forma mitigada, conforme o caso concreto. Nesse cenário em que a lei era tida como a forma mais racional e avançada forma de expressão pelo povo (através de seus representantes), das regras de convivência social (CALMON DE PASSOS, 1988, p. 90), seria contra a ordem instituída e contra a segurança negar-lhes aplicação.

Almejava-se o Direito como um sistema fechado, que não sofresse influências de outros sistemas, a exemplo do econômico ou social. Nesse sistema, estariam contidas todas as possibilidades de resolução de conflitos, sem necessidade de buscar soluções e informações externas (GOMES; ZAMARIAN, 2018).

Então, nos casos que chegavam ao Poder Judiciário, ao juiz cabia a tarefa quase mecânica de identificar qual era a norma aplicável e fazê-la cumprir firmemente em sua sentença, como se se tratasse de um processo em que se chega a um resultado absolutamente lógico, segundo a fórmula "lei + fatos = decisão" (WAMBIER, 2009, p.123).

A reprodução automatizada do sentido da lei pelos juízes levou-os a receberem, por Montesquieu, o título consagrado de *la bouche de la loi* (MONTESQUIEU, 1973, p. 157):

> 'Mesmo que a lei [...], embora clarividente e cega', parecesse em certos casos cruel, ainda assim não seria dado aos juízes interferirem; pois esta tarefa é da competência exclusiva dos legisladores. Aos juízes incumbe o dever de aplicar a lei cegamente, uma vez que os juízes não são nada mais do que a boca que pronuncia as palavras da lei; são seres inanimados que não podem moderar, quer a força, quer o rigor da lei. (CAPELLETTI, 2001, p. 26-28).

Com isso, a atuação jurisdicional passou a ser quase matemática, exata, precisa (GOMES; ZAMARIAN, 2018), em muito semelhante ao modelo teórico de Direito Autônomo formulado por Philippe Nonet e Philip Selznick (2010, p. 64 e 99), no qual "a ordem legal se converte em recurso para domar a repressão", e o processo decisório adquire contornos burocráticos, sistemáticos, rotinizados. O "Judiciário é, em certo sentido, nulo" (CAPELLETTI, 2001, p. 28).

"A legalidade, entendida como responsabilidade estrita com as normas, é a promessa" (NONET; SELZNICK, 2010, p. 111) e nesse contexto a segurança jurídica é representada pela observância literal da lei, pela sua interpretação "ao pé da letra" como medida para sanar todas as dúvidas ou ambiguidades. Acreditava-se que a aplicação literal, acrítica, mecanizada da lei iria padronizar as decisões judiciais, permitindo previsibilidade aos jurisdicionados e estabilidade na sociedade, que não seria pega de surpresa por sentenças inovadoras.

Esse modelo de prestação judicial estaria supostamente adequado a uma sociedade estável, cujas ações pudessem ser facilmente classificadas e enquadradas em uma ou outra regra, sem mudanças sociais significativas que tornassem as regras vigentes obsoletas.

O passar do tempo, no entanto, atuou como agente revelador das insuficiências técnicas do modelo do Estado Liberal para garantir a estabilidade e a segurança jurídica necessárias. De fato, é inimaginável que todos os textos legislativos possam ser completos a ponto de prescreverem orientações para todos os tipos de conduta que reclamam intervenção do Poder Judiciário, bem como sejam claros a ponto de deles se extrair um único sentido, sem possibilidade de interpretações dúbias ou incertas (CAPELLETTI, 2001, p. 29).

Não suficiente, a experiência revelou que não se deve temer apenas o abuso de poder por parte do Poder Executivo, mas também o proveniente do Poder Legislativo cujo abuso é propiciado ainda mais "com o crescimento legiferante do estado moderno" (CAPELLETTI, 2001, p. 31). Com efeito, o legislador a qualquer momento podia editar novas leis, em contrariedade com as anteriores, que retirassem direitos antes assegurados, sem que houvesse outro poder estatal apto a controlá-lo.

Dessa forma, obedecer estritamente a uma lei que nem sempre representava a vontade geral do povo, apesar da garantia de certa segurança jurídica que adivinha do preconizado respeito estrito a esta lei, não era suficiente para garantir o conteúdo sobre o qual se pretendia que a aludida segurança recaísse. "Constatou-se que a lei, por si só, nem sempre se presta a efetivamente conter os abusos do poder como imaginado, mas, pelo contrário, pode lhes servir de instrumento" (GOMES; ZAMARIAN, 2018).

Foi assim que o liberalismo demonstrou a sua incapacidade para atender as demandas das extensas camadas proletárias da sociedade (BONAVIDES, 2014, p. 188), afastadas do poder político, com as quais o Legislativo – composto pela burguesia ascendente – não se comprometeu, para as quais o

Executivo pouco se voltava e o Judiciário, de mãos atadas ao texto legal, nada podia fazer.

A resposta veio com o fortalecimento do Poder Judiciário e com a substituição do seu papel de *boca da lei* pelo de reconstrutor de significados normativos por meio de regras de argumentação (GOMES; ZAMARIAN, 2018) – mudança que ocorreu tendo o Estado Social como plano de fundo. Nesse contexto, Bülow (2005, p. 7-8) defende o protagonismo judicial, o que fica evidente quando afirma que "ao lado do direito criado pela lei, devemos admitir a existência de um verdadeiro e próprio direito de origem judicial".

Se antes o exercício jurisdicional era um ato mecanizado, de mera reprodução da lei e focado no positivismo jurídico, na nova ordem ele se transmudou para um ato de interpretação da regra, uma atividade mais flexível, que extraía do texto legal o sentido que parecesse mais adequado ao caso concreto. A hermenêutica, nesse momento, ganha espaço em detrimento do positivismo jurídico.

Essa atividade interpretativa, entretanto, não poderia representar instabilidade e imprevisibilidade, sob pena de se estar sacrificando a segurança jurídica pela qual se instaurou o Estado em primeiro lugar. Para tanto, privilegiou-se o estabelecimento de critérios como a fundamentação racional e a subsunção das decisões aos valores estabelecidos nas Cartas Constitucionais.

Assim, a segurança jurídica, nessa fase da evolução histórica, deve se voltar à garantia de valores, "mas não quaisquer valores, senão aqueles escolhidos pelo legislador constituinte e positivados na Constituição Federal" (GOMES; ZAMARIAN, 2018). Tendo um rol de direitos fundamentais como norte, em tese, seria viabilizado algum grau de cognoscibilidade e previsibilidade dos atos administrativos e das decisões judiciais. Partindo-se da fundamentação utilizada, poder-se-ia conferir se os parâmetros constitucionais foram utilizados para balizar a decisão.

Todavia, o modelo do Estado Social não prosperou por muito tempo, seja em razão da insegurança que poderia advir da interpretação das leis do que em virtude dos custos de manutenção da vasta máquina estatal que deveria existir para assegurar as prestações típicas desse modelo (GOMES; ZAMARIAN, 2018), ainda mais fortalecidas em razão de um Poder Judiciário atuante, seja em consequência da exagerada intervenção que um Estado tão inflado provocava na esfera de liberdade dos cidadãos (CALMON DE PASSOS, 1988, p. 92).

Numa época de crescimento populacional e de ingresso massivo da mulher no mercado de trabalho, aumentou a demanda por escolas e saúde para crianças e adolescentes, que deixaram de ser cuidados pela mãe durante a jornada de trabalho desta. O envelhecimento da população ocasionado pelas melhores condições de saúde e pelo fim da Segunda Guerra Mundial fez aumentar o público-alvo de políticas públicas (GOMES; ZAMARIAN,

2018).

Evidentemente, as demandas crescentes da sociedade não foram acompanhadas por contraprestações estatais na mesma escala de crescimento, dada a finitude dos recursos públicos. Logo, inaugurou-se uma época de crise do Estado Social, de instabilidade e de incertezas (STRECK, 2004, p. 58).

Eis a gênese do Estado Democrático de Direito ou do Estado de Segurança, segundo terminologia utilizada por Bauman (2006, p. 84):

> Os dias do Estado social podem estar chegando ao fim, mas os do Estado de segurança certamente não. Mas a segurança não era a principal razão de ser do Estado social? Claro que era. Então o que mudou? O significado da ideia de 'segurança' se alterou, e em particular, as causas oficialmente reconhecidas de sua obstinada indefinição.

De acordo com Calmon de Passos (1988, p. 92), o desafio que se instaura a partir de então é a tentativa de encontrar o equilíbrio entre o Estado Liberal e o Estado Social, viabilizando a concretização de direitos prestacionais pelos entes públicos, mas sem interferir demasiadamente na liberdade dos indivíduos e sem esgotar os recursos. Em suma, o "desafio de hoje, portanto, é tornar realidade a democratização da sociedade, sem prejuízo da democratização do Estado" (CALMON DE PASSOS, 1988, p. 92).

No Brasil, é possível dizer que o Estado Democrático de Direito teve origem com a Constituição Federal de 1988. A Carta Constitucional conferiu inegável importância à segurança, mencionando-a em seu preâmbulo, na seleta lista de direitos *invioláveis* presente no *caput* do artigo quinto (dividindo espaço com direitos de indiscutível relevância, tais quais os direitos à vida e à liberdade), no inciso XXXVI do mesmo artigo e, ainda, em diversos outros dispositivos espalhados pelo texto constitucional – ainda que, por vezes, sem menção direta à palavra segurança, mas referindo valores correlatos a ela. Não há dúvidas, portanto, de que a segurança jurídica, no direito constitucional brasileiro, adquiriu caráter de princípio e direito fundamental (SARLET, 2005).

A nova Carta Maior, no entanto, apesar de vigente há quase trinta anos, ainda não fez com que o país atingisse sua maturidade constitucional plena, provocando na prática uma significativa insegurança jurídica no âmbito nacional (BARROSO, 2001, p. 58).

E isso ocorre em um cenário no qual o aumento populacional conduziu à chamada "civilização de massas", que busca ansiadamente por proteção judiciária e justiça social. Aliado a isso, perderam-se os referenciais religiosos e éticos, que costumavam balizar as condutas sociais até o século XX, fazendo com que os preceitos jurídicos adquirissem *status* ainda mais importante na orientação de comportamentos dos cidadãos (SILVA, 1988, p. 102).

A instabilidade social, institucional e econômica que marca considerável parcela das sociedades atuais estimula propostas reformistas (no Brasil, são exemplos próximos as reformas previdenciária e trabalhista; na Inglaterra, a retirada do país da União Europeia – apenas para citar os movimentos mais recentes e comentados), as quais, por sua vez, geram ainda mais instabilidade e incertezas (SARLET, 2005). Os autores que identificam o período atual com a pós-modernidade afirmam ser ela marcada pela crise de identidade da segurança jurídica, instaurada no início do terceiro milênio (BARROSO, 2001)

E é justamente essa instabilidade típica das sociedades contemporâneas e do Estado Democrático de Direito que, somada à supracitada importância conferida hodiernamente ao ordenamento jurídico, incentiva a busca por instrumentos de segurança jurídica. Nesse contexto, o estudo da segurança ganha importância e "a eficácia e a efetividade do direito à segurança cada vez mais assume papel de destaque na constelação dos princípios e direitos fundamentais" (SARLET, 2005).

2.2 DA ORIGEM DOS DIREITOS FUNDAMENTAIS AO ESTADO DEMOCRÁTICO DE DIREITO

Remonta à Magna Charta Libertatum, firmada na Inglaterra pelo Rei João Sem Terra, em 1215, a principal referência aos direitos fundamentais. O documento, em que pese o seu propósito primordial de garantir privilégios aos nobres ingleses, consolidou-se como o mais importante garantidor da liberdade naquela época, pois tinha o propósito de evitar a ingerência indevida do Estado na vida privada da nobreza - promovendo a liberdade de locomoção e a proteção contra a prisão arbitrária (SARLET; MARINONI; MITIDIERO, p. 309). É inegável a conexão do documento com a ideia de segurança jurídica que se desenvolvia na época, já que buscava conferir aos nobres maior estabilidade.

Na sequência, a Reforma Protestante assegurou a liberdade de culto e de opção religiosa em diversos países europeus e em colônias inglesas na América do Norte e, paulatinamente, foram sendo promulgados atos que tornaram as liberdades específicas cada vez mais genéricas e expandiram a titularidade dos direitos de liberdade a um cada vez maior número de cidadãos ingleses, até atingir a totalidade deles (SARLET; MARINONI; MITIDIERO, p. 310).

Apesar da importância dos direitos de liberdade legais ingleses, Ingo Wolfgang Sarlet (2017) considera que somente com as emendas à Constituição norte-americana promulgadas a partir de 1791 é que se teve o marco inicial dos direitos fundamentais constitucionais. Para fins de distinções terminológicas, aqui filia-se ao entendimento do referido doutrinador, para quem direitos fundamentais são aqueles direitos (normalmente direitos humanos) "reconhecidos e positivados na esfera do direito constitucional positivado de determinado Estado"[2], oponíveis pelo cidadão face ao poder estatal.

Influenciados pelo pensamento liberal-burguês em vigência no século XVIII, os primeiros textos constitucionais se focaram em delimitar uma esfera de autonomia privada, na qual o Estado não pudesse intervir. Diante disso, os direitos que se consolidaram nessa fase histórica consistiram em "direitos de resistência ou de oposição perante o Estado" (BONAVIDES, 2005, p. 517) ou ainda direitos negativos, por exigirem do Estado uma abstenção, um não-fazer. A doutrina contemporânea também convencionou denominar tal rol de primeira dimensão de direitos (SARLET; MARINONI; MITIDIERO, p. 314).

Buscava-se, na época, a menor intervenção estatal possível, a livre regulação do mercado e a livre negociação entre os sujeitos de direito, hábeis a pactuar interesses e vontades e a dispor de direitos conforme a autonomia contratual[3]. Tal fase se identifica com a segurança jurídica caracterizada pela não intervenção e, se houvesse, que fosse nos estritos limites da lei.

Com o advento das Revoluções Industriais e as graves crises socioeconômicas que as seguiram, passou-se a perfilhar o entendimento de que o mero direito formal à liberdade não assegurava que o cidadão pudesse efetivamente usufruí-lo (SARLET; MARINONI; MITIDIERO, p. 314-315). Como se poderia dizer livre um trabalhador que laborava durante 18 horas do seu dia? Como se poderia chamar livre aquele a quem só era dado escolher entre escravizar-se e perecer de fome? Em que o direito à liberdade realmente era benefício a este cidadão?

A partir daí delinearam se amplos movimentos reivindicatórios por justiça social, que clamavam pela atuação positiva do Estado, no sentido de propiciar

---

[2] "[...] ao passo que a expressão 'direitos humanos' guarda relação com os documentos de direito internacional, por referir-se àquelas posições jurídicas que se reconhecem ao ser humano como tal, independentemente de sua vinculação com determinada ordem constitucional, e que, portanto, aspiram à validade universal, para todos os povos e em todos os lugares, de tal sorte que revelam um caráter supranacional (internacional) e universal." (SARLET; MARINONI; MITIDIERO, p. 303).

[3] Reservava-se ao Estado "a função de policiar a convivência social de modo a garantir o livre jogo das forças econômicas, submetidas exclusivamente às leis do mercado, suficientes para discipliná-la, se também garantida a livre manifestação da autonomia privada, que no contrato teria o instrumento perfeito para harmonizar vontades, interesses e necessidades." (CALMON DE PASSOS, 1988, p. 90).

um "direito de participar do bem-estar social" (LAFER, 1988, p. 127). Para tanto, era preciso que o ente público realizasse prestações, englobando assistência social, educação, saúde etc., que garantissem aos cidadãos a fruição de um mínimo de direitos essenciais para uma existência digna. Foi quando surgiram os direitos de segunda dimensão, caracterizados pela busca da igualdade em sentido material, e não meramente formal[4], e pela interpretação das leis conforme os ditames constitucionais.

No período que se seguiu à Segunda Guerra Mundial, a preocupação com os direitos humanos atingiu o seu ápice e se tornou objeto de interesse e preocupação em nível nacional e internacional (PIOVESAN, 2013, p. 65).

Naquela época, muitos dos países ocidentais (p.e. Brasil, Itália, Portugal, Alemanha) haviam recém superado regimes totalitários ou autoritários de governo, no mesmo momento em que surgia o entendimento de que um Estado democrático só o é se tem suas bases em direitos fundamentais (VILLIERS, 1992). A necessidade primordial da época era assegurar a limitação jurídica do poder político (PIOVESAN, 2013, p. 89) para evitar que novos abusos fossem cometidos em favor daqueles que detinham o poder e em detrimento da população em geral.

Nesse cenário, as garantias e direitos fundamentais, que já vinham sido discutidos com força em momentos históricos anteriores, ganharam ainda maior importância e adquiriram a condição de "trunfos contra a maioria" (NOVAIS, 2006), uma vez que, além da já preconizada função de garantir o bem-estar social, passaram a retomar o intuito de controlar o poder estatal. Os direitos fundamentais se caracterizaram, assim, como uma proteção dos indivíduos contra o cometimento de abusos por parte dos que estavam no poder, bem como uma garantia das mínimas condições para uma existência digna. Procurou conjugar-se as virtudes do Estado Liberal com as virtudes do Estado Social (CALMON DE PASSOS, 1988, p. 92).

Nessa senda, os movimentos constitucionalistas modernos não conduziram somente ao estabelecimento de extensos catálogos (consoante denominação de Canotilho[5]) de direitos individuais e sociais nas novas

---

[4] "A dissociação entre o econômico e o poder político deixou livre de controles o poder econômico, que é um poder tão necessitado de controles quanto o poder político. [...] E a questão social surgiu em decorrência da ferocidade das forças econômicas entregues a si mesmas, impondo-se crescente intervenção do Estado no mundo dos negócios e na disciplina dos contratos." (CALMON DE PASSOS, 1988, p. 90).

[5] Para José Joaquim Gomes Canotilho (1992, p. 68), "[...] historicamente (na experiência constitucional), foram consideradas matérias constitucionais 'par excellence', a organização do poder político (informada pelo princípio da divisão de poderes) e o catálogo dos direitos, liberdades e garantias".

constituições, como também à alocação desses róis na parte inicial do texto constitucional, com estrutura topológica privilegiada reservada aos direitos humanos e garantias fundamentais (SARLET; MARINONI; MITIDIERO, p. 85). Em inúmeros casos, a parte orgânica, relativa à organização dos Estados e poderes, que antes fazia a abertura de constituições, ficou em segundo plano (SARLET; MARINONI; MITIDIERO, p. 85). A Constituição Federal do Brasil de 1988 não ficou alheia à essa tendência, tendo dedicado seus dois primeiros títulos aos princípios, direitos e garantias fundamentais e somente passando a tratar da organização do Estado no título terceiro (BRASIIL, 1988).

Tal estratégia de posicionamento visa a "enfatizar o papel privilegiado dos princípios estruturantes (princípios fundamentais) e dos direitos e garantias fundamentais" (SARLET; MARINONI; MITIDIERO, p. 85), além de indicar que é o Estado que existe para o ser humano, e não o ser humano que existe para manter o Estado. Ou seja, primeiro importam os direitos fundamentais, sendo a partir destes e para assegurá-los que o aparato estatal deve se organizar. Embora não haja hierarquia formal entre normas constitucionais, certo é que existe uma ordem preferencial de valores dentro das Constituições, ainda que não de maneira explícita[6].

No topo da lista de preferência de valores estão os direitos fundamentais, assim compreendidos todos aqueles presentes no Título II da Carta de 1988 (dada a importância que o constituinte originário lhes concedeu e em observância ao critério formal de constitucionalidade), mas também incluídos

---

[6] "Mediante tal técnica e em termos gerais, pelo menos três coisas passaram a ficar bem definidas no âmbito do constitucionalismo contemporâneo: (a) é o Estado que existe para o ser humano e não o ser humano para o Estado; (b) os princípios fundamentais (e/ou os assim chamados 'valores superiores') e os direitos e garantias fundamentais, embora não tenham primazia normativa formal, no sentido de permitirem a declaração de inconstitucionalidade de outros dispositivos da constituição, merecem uma proteção e uma normatividade reforçada e servem de critérios materiais para interpretação e aplicação das demais normas constitucionais e, em especial, infraconstitucionais. É precisamente por tal razão que alguns princípios fundamentais (inclusive os que dispõem sobre as decisões políticas fundamentais, como a forma de governo, a forma de Estado, a separação de poderes, o regime democrático etc.) e os direitos fundamentais, ainda que nem todos, e nem sempre da mesma forma, em muitas ordens constitucionais, são acompanhados de garantias especiais, como é o caso das assim chamadas 'cláusulas pétreas', da aplicabilidade imediata e da vinculação direta de todos os órgãos estatais aos direitos fundamentais, determinados instrumentos processuais para sua proteção na esfera judiciária, entre outros; (c) as constituições, em maior ou menor medida, explicitam uma ordem preferencial de valores." (SARLET; MARINONI; MITIDIERO, p. 85-86).

os direitos fundamentais em sentido material que, apesar de não constarem no rol do referido Título, possuem conteúdo de fundamentalidade (SARLET; MARINONI; MITIDIERO, p. 333).

Considerando a opção do constituinte originário por incluir os direitos sociais dentro do Título II da Constituição Federal e tendo-se em conta que os direitos de segunda dimensão encerram em si a mesma função daqueles de primeira dimensão, no sentido de que a atuação estatal deve ser orientada e limitada segundo tais direitos, não há como sustentar que haja abismais diferenças entre os direitos individuais e os sociais. Assim, filia-se aqui ao posicionamento de Ingo Wolfgang Sarlet, para quem os direitos sociais são, também, direitos fundamentais (SARLET; MARINONI; MITIDIERO, p. 601).

Em sentido similar, Jorge Novais defende que a única distinção entre direitos sociais e direitos de liberdade é que a cláusula de aplicabilidade imediata, no Brasil entabulada no §1º do artigo 5º da Constituição Federal[7], somente se aplica aos últimos. Em tudo o mais, defende o doutrinador português, ambas as categorias de direitos se igualam (NOVAIS, 2006, p. 199). Entretanto, até mesmo esse aspecto diferenciador é rechaçado por Ingo Sarlet, para quem o § 1º do artigo 5º da Constituição Federal - e, portanto, a aplicabilidade direta - dedica-se indistintamente a todos os direitos fundamentais, sejam eles de liberdade ou de igualdade (SARLET; MARINONI; MITIDIERO, p. 601).

Isso porque os direitos e garantias fundamentais (gênero do qual são espécies os direitos tanto individuais quanto sociais) guardam, em maior ou menor grau a depender de qual o direito específico em questão, relação com a dignidade da pessoa humana (SARLET; MARINONI; MITIDIERO, p. 267). Ocorre que a dignidade da pessoa não é nada menos do que "o elemento que confere unidade de sentido e legitimidade a uma determinada ordem constitucional" (SARLET; MARINONI; MITIDIERO, p. 266).

Assim sendo, os direitos sociais guardam estrita relação com a legitimidade da ordem constitucional, unidos estes elementos pela dignidade da pessoa humana, que é o fim dos primeiros e a causa da segunda. Logo, qualquer restrição que implique limitação ao exercício dos direitos sociais deve ser analisada criticamente, à luz da potencial afronta à dignidade da pessoa humana que pode advir dessa restrição e da consequente perda da legitimidade do Estado.

Não se pode esquecer, nesse aspecto, que a dignidade da pessoa humana, no Estado de Direito, está "umbilicalmente vinculada" à noção de segurança

---

[7] "§ 1º As normas definidoras dos direitos e garantias fundamentais têm aplicação imediata."

jurídica[8], porquanto conceder aos indivíduos a possibilidade de planejarem suas vidas, agir conforme o plano e, ao final, atingirem o resultado desde o início almejado é uma materialização prática de vida digna.

Essa questão adquire contornos ainda mais relevantes quando considerada a crise de efetividade e legitimidade pela qual passam o Estado, a Constituição e os direitos fundamentais hodiernamente, tanto no âmbito interno quanto externo, a qual já levou alguns doutrinadores a defenderem que o "mal-estar constitucional" vivenciado é característica do recém-inaugurado Estado pós-moderno (SARLET, 2005).

De fato, não se pode negar que resta inaugurada a fase de 'socialização dos conflitos'[9], da defesa de interesses de estruturas parciais da sociedade em detrimento de interesses gerais e da deslegitimação do poder instituído, especialmente quanto ao sistema representativo[10] (SILVA, 1988, p. 103-108).

---

[8] Se partirmos do pressuposto de que a dignidade da pessoa pode ser definida como sendo 'a qualidade intrínseca e distintiva de cada ser humano que o faz merecedor do mesmo respeito e consideração por parte do Estado e da comunidade, implicando, neste sentido, um complexo de direitos e deveres fundamentais que assegurem a pessoa tanto contra todo e qualquer ato de cunho degradante e desumano, como venham a lhe garantir as condições existenciais mínimas para uma vida saudável, além de propiciar e promover sua participação ativa e co-responsável [sic] nos destinos da própria existência e da vida em comunhão com os demais seres humanos', ver-se-á que a dignidade não restará suficientemente respeitada e protegida em todo o lugar onde as pessoas estejam sendo atingidas por um tal nível de instabilidade jurídica que não estejam mais em condições de, com um mínimo de segurança e tranqüilidade [sic], confiar nas instituições sociais e estatais (incluindo o Direito) e numa certa estabilidade das suas próprias posições jurídicas. Com efeito, a plena e descontrolada disponibilização dos direitos e dos projetos de vida pessoais por parte da ordem jurídica acabaria por transformar os mesmos (e, portanto, os seus titulares e autores) em simples instrumento da vontade estatal, sendo, portanto, manifestamente incompatível mesmo com uma visão estritamente kantiana da dignidade. Para além disso, há que levar em conta que especialmente o reconhecimento e a garantia de direitos fundamentais tem sido consensualmente considerado uma exigência inarredável da dignidade da pessoa humana (assim como da própria noção de Estado de Direito), já que os direitos fundamentais (ao menos em princípio e com intensidade variável) constituem explicitações da dignidade da pessoa, de tal sorte que em cada direito fundamental se faz presente um conteúdo ou, pelo menos, alguma projeção da dignidade da pessoa. Portanto, a proteção dos direitos fundamentais, pelo menos no que concerne ao seu núcleo essencial e/ou ao seu conteúdo em dignidade, evidentemente apenas será possível onde estiver assegurado um mínimo em segurança jurídica. (SARLET, 2005).

[9] "[...] caracterizada pela transformação dos tradicionais conflitos interindividuais em conflitos de grupos ou de classes". (SILVA, 1988, p. 103).

[10] "A partir dessa incapacidade demonstrada pelos regimes democráticos para a

A desigualdade social tem se mostrado crescente mesmo nos países mais desenvolvidos (SARLET, 2005). Essas insatisfações conduzem inevitavelmente à busca por reformas, seja pelos cidadãos insatisfeitos, seja pelos ocupantes do poder na intenção de, mediante reformas, acalmarem os ânimos da população e conseguirem se perpetuar no topo da cadeia política.

Como consequência, a intensificação da instabilidade faz com que a busca por estabilidade e segurança seja ainda maior. Nesse contexto, tem-se as situações propícias para estimular uma demanda cada vez mais crescente por prestações sociais e para fazer com que "o clamor elementar da humanidade por segurança e justiça sociais – em suma, por direitos sociais efetivos – [continue] a ser um dos principais desafios e tarefas do Estado" (SARLET, 2005).

Dessa forma, quando se pretende voltar atrás na implementação de direitos sociais não se pode mais considerar que ocorre apenas ofensa a direitos fundamentais. No Estado Democrático e Social de Direito brasileiro, no qual sequer foram implementadas as promessas da modernidade e ainda restam muitos direitos de segunda dimensão a ganharem a mínima efetividade, a discussão em torno da proibição do retrocesso daqueles direitos que tiveram alguma concretização é inadiável (SARLET, 2005). Atos do poder público que impliquem retrocesso na cobertura de direitos sociais devem ser analisados (porque geneticamente relacionados) sob o prisma da dignidade da pessoa humana, da segurança jurídica e dos próprios fundamentos do Estado de Direito.

2.3 A SEGURANÇA JURÍDICA E OS DIREITOS SOCIAIS: UMA RELAÇÃO NECESSÁRIA NO ESTADO DEMOCRÁTICO DE DIREITO

Decorre do que foi exposto anteriormente que a segurança jurídica não é (mais) a obediência estrita ao texto legal e só ao que consta no texto legal; não é também a qualidade que permite se mande executar todas as prestações garantidoras dos direitos sociais positivados na Constituição Federal; tampouco é um aspecto formalista do direito, não significando a absoluta previsibilidade dos atos do poder público e a impossibilidade de que estes sejam alterados (SARLET, 2005).

Mas, se a segurança jurídica possui indigitada importância, a ponto de estar presente na redação constitucional de maneira direta e indireta, em

---

formação da sonhada 'vontade geral' e da persistência das oligarquias e de seus interesses, que a prática política tornaram transparentes e inocultáveis, é que a *crise de legitimidade* do sistema representativo mais se exacerba e torna-se visível." (SILVA, 1988, p. 108) diversas referências espalhadas ao longo da Carta Maior, isso não se reflete na precisa delimitação de seu sentido e âmbito de aplicação, seja na ordem constitucional brasileira, seja na internacional[11]. Dada a relevância do tema, para o seu estudo cabe (ao menos tentar) delinear o seu alcance e conceito jurídico.

Conforme a doutrina moderna, a segurança jurídica, dada a sua amplitude, melhor se traduz em uma sistematização tripartite, incluindo a previsibilidade ou calculabilidade dos comportamentos emanados pelo poder público em qualquer uma de suas esferas (Legislativa, Judiciária ou Executiva), a acessibilidade às decisões dos órgãos públicos no sentido de sua publicidade e coerência, e à estabilidade no que se refere à continuidade dos efeitos das relações jurídicas produzidas no passado (MAFFINI, 2017, p. 8-10). É especialmente essa última acepção que interessa ao presente estudo, uma vez que é ela a face da segurança jurídica que é violada quando o Estado restringe prestações garantidoras de diretos sociais, uma vez que este agir contraria a "tutela de pretensões ou direitos subjetivos, com vistas à preservação de atos, ou de seus efeitos" (MAFFINI, 2017, p. 10).

Vale destacar que a Constituição brasileira não traz em seu texto menção

---

[11] Sobre a disciplina que outros países dão à segurança, Ingo W. Sarlet refere que: "o que se percebe, desde logo e mesmo a partir de uma análise superficial, é que de modo feral as Constituições e a normativa internacional, em sua expressiva maioria, não especificaram os contornos do direito à segurança, no sentido de não terem precisado o seu âmbito de aplicação." E, especialmente sobre o exemplo português e o espanhol: "De outra parte, constata-se que para além da menção genérica a um direito à segurança, algumas de suas dimensões mais concretas (em particular as já referidas) igualmente acabaram sendo objeto de previsão expressa nos diversos pactos internacionais e Constituições. Assim, apenas para tomarmos alguns exemplos que nos são próximos, verifica-se que tanto a Constituição da República Portuguesa (1976) quanto a Constituição Espanhola (1978) asseguram a todos um direito à liberdade pessoal e segurança (respectivamente, artigo 27/1 e 17.1), destacando-se que este direito à segurança, além de ter sido consagrado juntamente com o direito geral de liberdade, encontra-se associado diretamente aos dispositivos sobre os limites da restrição da liberdade pessoal. Ambas as Constituições voltam a referir-se à segurança no âmbito das disposições que versam sobre a ordem social, já que a Constituição Portuguesa reconhece, além de um direito à segurança no emprego (artigo 53), que todos têm um direito à segurança social (artigo 63/1) e a Espanhola, no âmbito dos seus principios rectores de la política social y econômica dispõe, entre outras referências à segurança, que os poderes públicos devem assegurar a proteção social, econômica e jurídica da família (artigo 39.1) O Constituinte Espanhol, diversamente do que ocorreu no caso de Portugal, chegou a referir expressamente a segurança jurídica no mesmo dispositivo que assegura a irretroatividade das disposições sancionadoras desfavoráveis ou restritivas de direitos individuais (artigo 9.3)". (SARLET, 2005).

expressa ou conceituação da segurança jurídica, limitando-se a resguardar a mera segurança em seu preâmbulo e no *caput* do artigo quinto, juntamente com direitos de elevadíssima importância, tais quais o direito à vida e à liberdade – o que, mesmo em uma análise rasa, já é suficiente para indicar a relevância constitucional do direito à segurança. Ainda, no inciso XXXVI do mesmo artigo quinto, está consolidada a proteção a algumas consequências da segurança jurídica, mais especificamente quanto ao direito adquirido, o ato jurídico perfeito e a coisa julgada (BRASIL, 1988).

Em que pese a limitação dos aspectos da segurança jurídica protegidos pelo inciso XXXVI supra referido, a doutrina e a jurisprudência possuem entendimento relevante no sentido de que estas não são as únicas consequências da segurança jurídica que merecem ser tuteladas. É que, dada a genética e histórica ligação entre a segurança jurídica e o Estado de Direito, sendo um indissociável do outro, segundo demonstrado algumas páginas antes, não há como se considerar não seja a segurança jurídica um subprincípio constitucional implícito estruturante do próprio Estado de Direito (SARLET, 2005).

Exemplo da existência e da aplicabilidade da segurança jurídica como princípio é inclusive o respeito às expectativas de direito (aspecto que não consta no mencionado art. 5º, inciso XXXVI, da Constituição Federal de 1988) tem sido utilizado como parâmetro para conferir a legitimidade constitucional de leis e atos administrativos e para estimular o estabelecimento de regras de transição razoáveis entre o *status* anterior e o instaurado pela nova lei ou ato (SARLET, 2005). Isso reforça a importância que a segurança possui em nosso ordenamento constitucional, estando presente como verdadeiro princípio orientador, independentemente de sua positivação.

Ademais, ao longo de todo o texto constitucional deve-se entender que todas as referências genéricas à segurança são em sentido geral, assim abrangendo tanto a segurança jurídica quanto a social, pública e pessoal. É que não há como dissociar um autêntico Estado Democrático de Direito do "Estado da segurança jurídica", na medida em que até mesmo o governo das leis, se não respeitar certos preceitos de estabilidade, irretroatividade, imutabilidade de efeitos jurídicos concretizados no passado e vinculação a promessas feitas para o futuro, poderá acabar em um governo despótico, sujeito exclusivamente às vontades do poder político e sem comprometimento com os anseios e expectativas da população em geral (SARLET, 2005).

Ainda, dado o contexto do Estado de Direito em que nos encontramos, nenhuma dimensão da segurança (social, pessoal, pública) é pura, da mesma forma que a segurança jurídica não é estritamente jurídica. Isso porque todas as dimensões dependem da garantia de proteção e de não violação que é assegurada pela Constituição e pela legislação infraconstitucional, sendo impossível, portanto, assegurá-las se se dissociá-las da segurança em seu aspecto jurídico (SARLET, 2005).

Não há como imaginar, por exemplo, a segurança social sem a proteção (jurídica) dos direitos sociais contra interferências dos entes públicos ou contra atos de particulares que contrariem tais direitos. Estes direitos sem segurança jurídica poderiam acabar sendo letra morta da lei ou apenas normas programáticas, cuja produção de efeitos ficaria a critério da boa vontade dos governantes.

A seu turno, a segurança jurídica seria esvaziada se não estivesse diretamente imbricada com direitos que requerem proteção; na verdade, seria mero preceito formal de menor relevância caso não houvesse direitos importantes a assegurar. Pode-se dizer, assim, que a segurança jurídica tem a mesma importância que os direitos que dela dependem.

De nada adiantaria uma regulamentação complexa da segurança, se não existissem direitos sociais, individuais, públicos e políticos, cuja garantia necessitasse da invocação do princípio da segurança jurídica. Ela necessita sempre de um objeto: assegurar algo. Repise-se: será, assim, tão importante quanto forem os direitos a resguardar.

Logo, a segurança jamais será puramente jurídica, ao passo que jamais se poderá falar em outra dimensão de segurança, em um Estado de Direito, sem que se cogite da existência de um certo grau de segurança jurídica por detrás. Essa conclusão leva a entender que, toda vez que o texto constitucional se refere à segurança, ainda que não explicite de qual de suas dimensões está tratando, está inevitavelmente regulando a segurança em seu aspecto jurídico, eis que este acompanha todos os demais aspectos.

Partindo dessas premissas, tem-se que a segurança jurídica, apesar de ser um direito fundamental não é "apenas" isso, mas também um subprincípio que integra os elementos nucleares da noção de Estado de Direito (SARLET, 2005) e todos os direitos propriamente ditos, os quais só serão plenamente assegurados se houver um mínimo de segurança quanto à sua realização. Essa condição torna ainda mais delicada e complexa a segurança jurídica quanto à questão específica dos direitos sociais, porquanto torna necessário avaliar toda restrição de direitos sob a sua ótica, ainda que esteja amparada pelo princípio da legalidade.

É apenas em razão desse arcabouço de direitos e subprincípio que se pode afirmar com certa tranquilidade que o poder constituinte reformador não pode acabar com a educação pública ou com o Sistema Único de Saúde nem tampouco revogar a legislação ordinária que regulamenta esses direitos sem atentar contra a proteção da confiança e contra a vedação do retrocesso.

Aqui cabe distinguir, para prosseguimento do estudo, as dimensões objetiva e subjetiva da segurança jurídica. Enquanto a primeira corresponde à continuidade do direito e, portanto, à vedação do retrocesso[12], a segunda alberga a ideia de proteção da confiança depositada pelo cidadão nesta continuidade, no que se refere à sua posição jurídica individual e à expectativa de manutenção dos efeitos advindos para ele em decorrência da estabilidade (SARLET, 2005).

Quando se trata da restrição ou redução das prestações garantidoras de direitos sociais, tanto a vedação do retrocesso quanto a proteção da confiança são relevantes. Importa saber, assim, se tal redução apenas na prestação – e não no conteúdo do direito em si – representaria afronta à vedação do retrocesso. Por outro lado, a confiança do cidadão beneficiado com a prestação restaria desprotegida caso essa fosse reduzida? Ou apenas se fosse totalmente interrompida?[13]

Os defensores da proibição do retrocesso, dentre os quais se destaca J.J. Gomes Canotilho, asseveram que, uma vez regulamentados por legislação infraconstitucional, os direitos fundamentais sociais tornam-se direitos adquiridos dos cidadãos e lhes geram o direito subjetivo a usufruir das prestações públicas tendentes a assegurá-los. Assim, tais prestações não poderiam ser suprimidas sem que houvesse ofensa ao princípio da confiança e, por isso, sairiam da esfera de disponibilidade do legislador, passando a integrar um bloco material que só pode ser modificado para ampliar e não para reduzir o padrão geral de prestações já alcançado (SARLET, 2005).

Por outro norte, há quem defenda que, se o legislador, imbuído seja do poder reformador, seja da elaboração da legislação ordinária, pode estabelecer normas que assegurem a prestação de direitos sociais, é natural que ele também possa rever os seus próprios atos e, conforme o orçamento

---

[12] "Com efeito, como bem lembra Luís Roberto Barroso, mediante o reconhecimento de uma proibição de retrocesso está a se impedir a frustração da efetividade constitucional, já que, na hipótese de o legislador revogar o ato que deu concretude a uma norma programática ou tornou viável o exercício de um direito, estaria acarretando um retorno à situação de omissão (inconstitucional, como poderíamos acrescentar) anterior" (SARLET, 2005).

[13] Impõe-se distinguir tal situação, objeto do presente estudo, da concretização de direitos sociais que ainda pendem de medidas estatais que os tornem efetivos. Por sua cristalinidade, mostra-se oportuno transcrever as palavras do professor Ingo Wolfgang Sarlet (2005): "Não se poderá, contudo, confundir o problema da concretização legislativa dos direitos fundamentais sociais – em que pesem suas inequívocas similitudes e seus aspectos comuns – com o da manutenção dos níveis gerais de proteção social alcançados no âmbito do Estado Social, já que esta problemática abrange toda e qualquer forma de redução das conquistas sociais, mesmo quando realizadas única e exclusivamente no plano da legislação infraconstitucional densificadora do princípio da Justiça e do Estado Social que, paralelamente com o princípio do Estado de Direito e com o princípio democrático, encontrou ampla e expressa guarida na nossa Constituição."

e as prioridades estatais, possa restringir as prestações. Em contraposição, diz-se que dar tal tipo de permissão ao poder reformador significaria dar-lhe até mesmo o poder de contrariar o poder constituinte originário, tendo-se em vista que por meio da supressão total de prestações de direitos sociais ele teria a faculdade de negar vigência a direito expressamente positivado pelo constituinte (SARLET, 2005).

Muito embora os méritos de cada uma das posições, nesse estudo opta-se por adotar uma posição moderada. Parece indiscutível viabilizar ao legislador a negativa de eficácia a direitos fundamentais sociais, os quais foram positivados no texto constitucional justamente para que fosse mais difícil restringi-los. Considerando a particularidade dos direitos sociais, que só são concretizados mediante prestações estatais normalmente disciplinadas em legislação infraconstitucional, não se mostra razoável permitir que, pelo procedimento ordinário, reduzam-se as prestações e, consequentemente, esvazie-se um direito que, se é que poderia ser modificado, só poderia sê-lo mediante procedimento de emenda à constituição.

Por outro lado, admitir que, uma vez regulamentadas as prestações de direitos, estas só possam ser alteradas para ampliá-las ainda mais também se revela desarrazoado. Ora, semelhantemente a um contrato que pode ser revisto quando, por motivos imprevistos, torna-se excessivamente oneroso a uma das partes, também deve ser permitido ao Estado revisitar os seus atos – especialmente aqueles que implicam gastos públicos, como são praticamente todas as prestações garantidoras de direitos sociais – a fim de adequá-los ao momento histórico.

Não se pode esquecer os diversos fatores que podem vir a causar desequilíbrio nas contas públicas. Se, no passado, o ingresso da mulher no mercado de trabalho fez explodir a demanda por escolas públicas nas quais seus filhos estudassem durante a jornada de trabalho das mães, atualmente o envelhecimento da população é uma das questões que mais preocupa no cenário nacional, pois fez aumentar o período durante o qual se usufrui da aposentadoria, de saúde, de transporte público e gratuito, dentre inúmeras outras prestações.

É evidente que mudanças como essas não foram previstas no passado, quando regulamentadas as formas e as exigências para se usufruiu de cada um desses direitos. Entretanto, tendo elas ocorrido e tendo dado causa a um aumento na demanda por serviços estatais, geraram um aumento das contas públicas que, acaso desequilibradas em razão da nova demanda, não só autorizam, como demandam que sejam revistas as condições de prestação de políticas públicas a fim de manter o equilíbrio financeiro do Estado.

A não se admitir tal possibilidade, estar-se-á compactuando com a falência financeira do Estado, que possivelmente necessitará de empréstimos externos ou de seus próprios cidadãos para manter os compromissos que assumiu no passado e, muito provavelmente, com um futuro marcado por reformas ainda mais restritivas de prestações concretizadoras de direitos fundamentais sociais, no afã emergencial de retomar o equilíbrio. Assim, não se terá admitido a restrição de direitos fundamentais sociais para, num futuro não muito distante, não ter escolha senão admiti-la, dada a completa inaptidão em que o Estado poderá se encontrar para concretizar os direitos positivados.

Se a escolha deve ser entre reduzirem-se as prestações sociais para prevenir o desequilíbrio financeiro estatal ou para remediar emergencialmente já após a entrada no estado de desequilíbrio não parece desarrazoado defender a primeira opção. Resta, apenas, desenvolver critérios de controle, para que a supressão de prestações realmente só se torne vantajosa em situações extremas, de verdadeira possibilidade de falência financeira do Estado, desestimulando o seu uso como mero instrumento político para eliminar direitos.

3 VEDAÇÃO AO RETROCESSO DE DIREITOS SOCIAIS E REDUÇÃO DE PRESTAÇÕES ESTATAIS: UMA CONJUGAÇÃO POSSÍVEL

Em momentos de crise econômica, financeira, social e institucional como o que se vivencia atualmente não só no Brasil, mas em diversos Estados contemporâneos, é comum ganharem força discursos políticos que defendam a redução das prestações estatais concretizadoras de direitos sociais, como mecanismo de diminuir a saída de valores dos cofres públicos. No âmbito nacional, o projeto de reforma do Regime Geral de Previdência Social constitui apenas uma das expressões desse argumento no cenário jurídico e político atual.

Como já se disse, a contenção de despesas pode visar ao atendimento ao princípio constitucional administrativo da eficiência, evitando-se gastos desnecessários e buscando-se maximizar os resultados obtidos com os valores a serem despendidos, ou até mesmo evitar a "falência" do Estado com gastos maiores do que as receitas. De outro norte, a defesa da redução orçamentária pode mascarar uma intenção nefasta: a de negar direitos sociais sem verdadeiramente negá-los, sem retirá-los do rol de direitos fundamentais, embora retirando-lhes toda a eficácia.

Em suma, a manifestação pela redução de gastos em políticas públicas destinadas a concretizar direitos de segunda dimensão pode encerrar em si uma intenção de contornar a necessidade de uma emenda à Constituição e a evidente reprimenda popular que existiria à uma emenda que retira direitos sociais. Assim, através de leis infraconstitucionais, como as leis complementares e ordinárias que estabelecem os requisitos para usufruir de determinados benefícios e as que fixam qual a extensão do direito em questão, pode-se prever exigências tão difíceis de serem implementadas ou uma extensão tão pequena ao direito que este se torne inexercível.

Todavia, até o presente momento, não existem critérios claros que permitam identificar quando uma redução orçamentária relativa a prestações estatais positivas é legítima e quando, ao contrário, apenas oculta o interesse de retirar direitos ou, ainda, quando, mesmo sem tal interesse oculto, acaba por inviabilizar ou dificultar o exercício de um direito social de tal maneira que este passa a ser apenas uma previsão formal no catálogo constitucional, sem uma correspondente efetivação no mundo dos fatos.

3. 1 CONSIDERAÇÕES E CRÍTICAS À ALEGADA LIVRE POSSIBILIDADE DE RESTRIÇÕES ÀS PRESTAÇÕES GARANTIDORAS DE DIREITOS SOCIAIS: DEFESA DA RESTRIÇÃO LIMITADA

Consoante destacado em capítulo anterior, há quem se manifeste contrariamente ao reconhecimento da proibição do retrocesso em matéria de direitos sociais, utilizando como argumento a livre disposição que o legislador tem sobre a legislação infraconstitucional e que o administrador tem sobre seus atos administrativos, podendo regulamentar a matéria e voltar atrás nas suas próprias decisões (SARLET, 2005).

Contudo, essa visão parece adequada à época do surgimento do Estado Liberal, quando a segurança jurídica consistia no estrito e literal respeito à lei, quando o Poder Legislativo detinha a soberania e quando a questão dos direitos sociais sequer havia sido colocada em pauta. Havia segurança jurídica quanto ao que estava na lei, mas não havia segurança quanto às modificações de seu conteúdo. Nesse sentido, para melhor refutar a ideia da possibilidade de livremente restringir as prestações de direitos sociais, convém analisar e diferenciar a sociedade e o Estado atuais do Estado Liberal – quando tal ideia seria aceita.

Conforme Norberto Bobbio, as teorias jusnaturalistas são "modelos racionais úteis à formulação de teorias simples sobre os problemas mais gerais do direito e do Estado" (BOBBIO, 2014, p. 54). Dessa forma, recorre-se ao estudo clássico sobre o contrato social.

Provém de Jean-Jacques Rousseau a ideia de que as convenções entabuladas entre os homens são a base de toda autoridade legítima (2013, p. 21). Conforme o jusnaturalista, é "o pacto social [...] que dá ao corpo político um poder absoluto sobre todos os membros, e é esse mesmo poder que, dirigido pela vontade geral, porta [...] o nome de soberania" (ROUSSEAU, 2013, p. 39).

Esse pensamento impõe, por consequência, que a lei deve ser a expressão da vontade geral, orientada a atender aos interesses do outro e de si mesmo de maneira recíproca e simultânea (ROUSSEAU, 2013, p. 40). Assim é que toda lei deveria ser feita ignorando-se a sua destinação a um sujeito específico, mas ao corpo social geral, de tal forma que os interesses particulares fossem equilibrados pelo senso de justiça, uma vez que a legislação aplicada para se autoprivilegiar, por sua generalidade, em um momento futuro pode ser a legislação que causa a este mesmo sujeito um prejuízo. Como consequência, Rousseau defende que as leis "são atos da vontade geral" (2013, p. 46) dos cidadãos e, logo, não podem ser injustas para a sociedade, tendo-se em vista que nada é injusto em relação a si mesmo.

Todavia, Rousseau reconhece a fragilidade de sua própria proposta, porquanto "o povo sempre quer o bem, mas por si mesmo nem sempre o vê" (2013, p. 47). Em síntese, o teórico afirma a menoridade do público em geral para determinar as leis (sem que isso implique a menoridade desse mesmo público para aderir ao contrato social, por se tratar de atos volitivos diferentes), defendendo que se ensine ao outro reconhecer o que se deseja, unindo a vontade do corpo social em alguns indivíduos *iluminados pelo público*, usualmente chamados legisladores e administradores.

Logo, tem-se que para Rousseau a legislação e as regras administrativas nunca serão injustas enquanto expressão da vontade da maioria, independentemente de terem os sujeitos unanimemente se manifestado de modo favorável a tal lei ou ato ou não. Isso porque, ao aderirem ao pacto social e ao aparato legislativo e administrativo necessários para mantê-lo, outorgaram poderes a outros indivíduos, mais *iluminados*, para identificar e expressar a vontade do povo, a quem incumbe a tomada de decisões em nome dos demais, agindo como verdadeiros e legítimos procuradores.

No entanto, a própria obra do jusnaturalista previu o confinamento do governo, ou seja, a sua redução, passando de uma democracia para uma aristocracia e, ao final, a sua inevitável degeneração - fenômeno este tão natural, para ele, quanto a morte de um corpo humano provocada pelo mero transcorrer do tempo e chegada da velhice (ROUSSEAU, 2013, p. 89-91).

Dito confinamento do governo aconteceu, senão antes, agora, com as recentes crises de legitimidade do sistema representativo, nitidamente incapaz de formar, expressar e defender a dita vontade geral (SILVA, 1988, p. 108). Os mecanismos do voto e da pressão pela opinião pública se revelaram incapazes de fornecer à população meios de controle de seus representantes que fossem suficientes para eles agirem minimante conforme a vontade da maioria (PASSOS, 1988, p. 92). O clamor por mais instrumentos de democracia participativa e pela democracia direta (PASSOS, 1988, p. 93) só veio a evidenciar que os representantes, embora eleitos e formalmente legítimos, já não atendem aos anseios da população em geral.

Em uma circunstância dessas, é inviável sustentar que as leis formuladas por legisladores e os atos administrativos, ainda que restrinjam direitos sociais, representam a vontade da maioria e, portanto, são justos. Tampouco se pode admitir que a legitimação meramente formal de legisladores e administradores, simplesmente porque foram votados para exercer um mandato, habilita-os a reduzir questões de tamanha relevância como direitos fundamentais sociais sem que haja algum tipo de consulta à população que clama por maior participação política.

Ora, se normas restritivas de direitos sociais passam a ser veementemente questionadas pelo público a quem elas interessam, é porque os legisladores e os administradores públicos não estão cumprindo o *munus* que lhes foi incumbido de identificar e expressar a vontade da maioria em forma de leis e atos executivos (ROUSSEAU, 2013, p. 91). Uma vez havendo fortes oposições populares ao trabalho dos representantes, há que se reconhecer a falha do pacto social e a sua iminente degeneração, cuja restauração dependerá de uma nova ordem constitucional.

Conjugando esses aspectos, parece ser inviável sustentar que as regras de concretização e efetivação dos direitos sociais são regras de livre disposição pelo legislador e pelo administrador público, que poderiam alterá-las ou revogá-las a qualquer tempo, da mesma maneira que o fazem em relação a leis complementares e ordinárias e atos executórios e normativos relativas a outras matérias. O retrocesso na prestação de direitos sociais se revela, mais do que uma carência momentânea de políticas públicas eficazes, um desvirtuamento da função estatal - que só existe em razão dos indivíduos e em razão destes deveria se orientar - além de uma ofensa à segurança jurídica.

Através desse outro viés, a inconstitucionalidade de todas as medidas tendentes a reduzir o padrão geral de prestações de direitos sociais já conquistado é defendida por doutrinadores de renome, na medida em que haveria afronta à segurança jurídica, no aspecto da proteção da confiança, e, portanto, afronta ao próprio Estado de Direito. Ora, viu-se que o Estado só surgiu e só manteve a sua inquestionável essencialidade em razão da necessidade de organizar expectativas e conceder segurança aos indivíduos.

Portanto, a segurança jurídica, embora não esteja expressamente prevista no texto constitucional, porquanto presente na fundação do Estado, tendo categoria de subprincípio do Estado de Direito, merece ser invocada e respeitada em casos como o presente.

Não menos importante é o argumento do respeito à dignidade da pessoa humana, a qual pode ser afetada em caso de supressão do núcleo essencial legislativamente concretizado de algum direito social. Se, em casos tais, para que não haja desrespeito a um dos fundamentos da República[14], nem mesmo as alegações da reserva do possível, da separação dos poderes e do princípio democrático são capazes de barrar a prestação do direito social (SARLET, 2005), elas não poderiam ser suficientes para legitimar a atuação restritiva do

---

[14] "Art. 1º A República Federativa do Brasil, formada pela união indissolúvel dos Estados e Municípios e do Distrito Federal, constitui-se em Estado Democrático de Direito e tem como fundamentos: I - a soberania; II - a cidadania; III - a dignidade da pessoa humana; IV - os valores sociais do trabalho e da livre iniciativa; V - o pluralismo político." (BRASIL, 1988)

legislador que retira prestações sociais.

Ainda, merecem espaço as colaborações do princípio da maximização da eficácia das normas de direitos fundamentais, insculpido no parágrafo primeiro do artigo quinto da Constituição Federal[15]. Para Ingo Sarlet (2005) esse princípio, aliado às cláusulas pétreas do artigo 60[16], não impõe apenas a proteção dos direitos fundamentais (especialmente dos sociais) contra a atuação do poder reformador constitucional, mas também projeta essa proteção contra o legislador ordinário e os demais órgãos estatais (tendo em vista a possibilidade de que a redução de prestações seja determinada através de atos administrativos ou jurisdicionais).

Que o legislador e os demais agentes públicos, no exercício de sua função, não podem restringir as prestações concretizadoras de direitos fundamentais sociais, é quase incontroverso e é o que se defende no presente estudo. Porém, existem consideráveis discussões, não sem fundamentos, acerca da "amplitude da proteção outorgada pelo princípio da proibição do retrocesso social" (SARLET, 2005)[17].

Conforme Vieira de Andrade, a proibição de retrocesso não pode ser absoluta, pois, caso fosse, permitiria que direitos fundamentais sociais, uma vez concretizados, restassem intocáveis, ao passo que é admitido certo nível de restrição dos direitos de liberdade (pois entende-se que não são absolutos) desde que não seja afetado seu núcleo essencial. Dessa forma, dar-se-ia maior grau de proteção aos direitos sociais do que aos direitos de defesa, em uma desigualdade que não faz sentido no sistema constitucional (SARLET, 2005).

No entanto, Ingo Sarlet estabelece como ponto de partida o fato de que a proibição do retrocesso é um princípio constitucional fundamental implícito, relacionado tanto com o Estado de Direito (no sentido da proteção da confiança e da segurança jurídica) quanto com o Estado Social (no que

---

[15] "§ 1º As normas definidoras dos direitos e garantias fundamentais têm aplicação imediata." (BRASIL, 1988)

[16] "§ 4º Não será objeto de deliberação a proposta de emenda tendente a abolir: [...] IV - os direitos e garantias individuais." (BRASIL, 1988)

[17] "Com efeito, se é correto apontar a existência de elevado grau de consenso (pelo menos na doutrina e jurisprudência nacional e, de modo geral, no espaço europeu) quanto à existência de uma proteção contra o retrocesso, igualmente é certo que tal consenso [...] abrange o reconhecimento de que tal proteção não pode assumir um caráter absoluto, notadamente no que diz com a concretização dos direitos sociais a prestações. Para além desse consenso (no sentido de que existe uma proibição relativa de retrocesso em matéria de direitos sociais), constata-se intensa discussão em torno da amplitude da proteção contra o retrocesso, sendo significativas as diferenças de entendimento registradas no âmbito doutrinário e jurisprudencial, mas também na seara das soluções adotadas pelo direito positivo de cada ordem jurídica individualmente considerada. (SARLET, 2005).

tange a assegurar o padrão geral alcançado de proteção social). Sendo um princípio – não uma regra – não há como optar-se por aplicá-lo ou não o aplicar, mas trata-se, na verdade, de promover um maior ou menor grau de aplicação, mediante ponderação no caso concreto[18], não havendo o que se abordar sobre um eventual caráter absoluto da vedação do retrocesso (SARLET, 2005), que seria inviável quer do ponto de vista teórico, quer sob o prisma prático.

Assim tem-se que o reconhecimento de um princípio da vedação do retrocesso não seria óbice a medidas de ajustes, reduções ou flexibilizações das prestações de cunho social, para adequá-las a novas demandas decorrentes da evolução natural da sociedade ou até mesmo a um novo orçamento forçado pela instabilidade da capacidade prestacional do Estado – esta oriunda do próprio dinamismo social, das crises que de tempos em tempos assolam nações e da consequente dificuldade arrecadatória que possivelmente se instalaria quando reunidas tais condições.

Mas, já que há defesa da proibição do retrocesso, porém não de forma absoluta, torna-se importante definir em quais casos o retrocesso será permitido e quais são as balizas a serem respeitadas pelo legislador ou pelo agente público ao reduzirem as prestações sociais, para que incidam apenas na parcela não protegida pela vedação do retrocesso.

Um primeiro ponto a se ter em consideração é o núcleo essencial dos direitos fundamentais sociais, aqui entendido como aquela parcela da prestação social que, acaso subtraída do indivíduo, importaria na perda, por ele, da vida digna. Assim, as prestações básicas sem as quais não se possa garantir a dignidade da pessoa humana, uma vez concretizadas, não podem ser objeto de redução ou supressão, nem mesmo se forem respeitados os direitos adquiridos (SARLET, 2005).

Embora louvável o critério estabelecido, dado o caráter acadêmico do presente estudo, cabe destacar algumas de suas fragilidades, a exemplo da ausência de parâmetros seguros para determinar que prestações constituem o núcleo essencial. Com efeito, essa determinação deve ser feita por um indivíduo, mediante valoração, que necessariamente irá considerar a sua realidade e os seus conhecimentos próprios. É completamente possível (e provável) que um outro indivíduo, inserido em contexto social, cultural e econômico diferente, faça uma valoração completamente diferente do que

---

[18] "A ponderação de valores é técnica pela qual o intérprete procura lidar com valores constitucionais que se encontrem em linha de colisão. Como não existe um critério abstrato que imponha a supremacia de um sobre o outro, deve-se, à vista do caso concreto, fazer concessões recíprocas, de modo a produzir-se um resultado socialmente desejável, sacrificarão [sic] o mínimo de cada um dos princípios ou direitos fundamentais em oposição. O legislador não pode, arbitrariamente, escolher um dos interesses em jogo e anular o outro, sob pena de violar o texto constitucional." (BARROSO, 2001, p. 68).

constitui o núcleo essencial de cada direito.

Tanto o legislador e o administrador não terão critérios previamente estabelecidos para adotar medidas redutoras de prestações sociais de maneira segura quanto os julgadores, ao se depararem com eventual ação em que se busque o reconhecimento da inconstitucionalidade da lei ou ato que determinou a redução, farão a valoração sobre ter havido violação à proibição de retrocesso conforme os seus valores próprios, podendo haver uma série de entendimentos diferentes.

Não parece forçado concluir que essa incerteza quanto ao entendimento prevalecente iria acabar motivando diversas ações de declaração de inconstitucionalidade, alimentadas nem que seja por uma mínima esperança de que algum julgador acabaria reconhecendo que houve afronta ao núcleo essencial de direitos.

Da mesma maneira, em momento anterior à elaboração do ato que restringe prestações, o agente público careceria de mecanismos para fazer um controle prévio e trabalharia com a insegurança de que, mesmo se resguardando de cuidados, o seu trabalho poderia vir a ser considerado inconstitucional no futuro, apenas em razão de uma valoração diferente da sua.

Como uma condição para a redução das prestações sociais, Ingo Sarlet ressalta o papel importante das regras de transição, ressaltando que a segurança jurídica concedida ao indivíduo deve ser proporcional ou grau de confiança que ele depositou no sistema vigente. Por isso é que as regras de transição podem prever diversas situações, diferentes de um sujeito para o outro, provendo maior segurança a quem mais confiou na efetivação do direito social. Para elucidar tal tese com um exemplo prático, Sarlet refere regras de aposentadoria e pensões, defendendo que as regras de transição devem preservar em maior grau as expectativas de direito e, tanto quanto possível, a segurança jurídica em relação àquelas pessoas que estão há 25 anos contribuindo para o sistema do que para aquelas que começaram há dois anos (SARLET, 2005).

Por fim, Sarlet (2005) recomenda que em situações de reduções de prestações sociais se coloque na balança, de um lado, o direito à segurança jurídica e, de outro, a necessidade de realizar ajustes indispensáveis e adequado às necessidades da sociedade como um todo – o que igualmente não deixa de ser uma manifestação de segurança.

3.2 A PROTEÇÃO RESSARCITÓRIA DA CONFIANÇA COMO TÉCNICA PARA CONJUGAR A VEDAÇÃO DO RETROCESSO COM A POSSIBILIDADE DE ATOS PÚBLICOS REDUTORES DE PRESTAÇÕES SOCIAIS

De acordo com a lição do professor Rafael Maffini (2017, p. 10), segurança jurídica é um "elemento identificador e imanente do Estado e do próprio Direito", do qual a proteção da confiança legítima é um aspecto subjetivo. "No sentido objetivo, a segurança jurídica relaciona-se com a previsibilidade dos atos estatais, além de todos aqueles institutos previstos no art. 5º, XXXVI, da CF/88 (ato jurídico perfeito, direito adquirido e coisa julgada)".

Na dimensão subjetiva, da proteção da confiança, caracterizada pela estabilidade que se espera dos atos, procedimentos e condutas estatais, é possível reconhecer algumas principais áreas de incidência. A primeira, mais identificada com a proteção substancial da confiança, consiste na imposição de limites ao Estado no que se refere à alteração de atos que implique situação desfavorável para o administrado.

A seu turno, a segunda dimensão consiste na proteção procedimental da confiança legítima, consistindo na necessidade de processualização da atividade administrativa, a fim de que seja assegurada a participação dos administrados interessados na tomada da decisão administrativa, especialmente nos casos em que a decisão possa lhe gerar prejuízos.

No entanto, o que desperta principal interesse do presente ensaio é a terceira dimensão, consubstanciada na reparação do patrimônio do administrado em decorrência de danos advindos para si da sua confiança nos atos administrativos e na suposição de que estes atos seriam mantidos. É, nas palavras incorrigíveis de Maffini (2017, p. 47-48), "o dever de o Estado reparar danos causados em face da frustração de confiança legitimamente depositada por terceiro em atos estatais" que torna "inegável a responsabilidade civil do Estado por frustração de legítimas expectativas depositadas por terceiros em favor de suas condutas".

Assim, o Estado, ao frustrar confiança legítima do particular, deve ser responsabilizado pelos danos a que o seu ato houver dado causa. Todavia, se é certo que a proteção ressarcitória da confiança deve incidir após falhar o aspecto substancial da confiança, questiona-se por que (e se) não se pode utilizar da proteção ressarcitória da confiança simultaneamente, ao mesmo tempo em que praticado o ato que incide contra a segurança jurídica do cidadão.

Ora, ao contrário do que pode parecer, a conduta do Estado (seja através da legislação ou de atos administrativos) não se reveste do dolo de efetivamente prejudicar a confiança nele legitimamente depositada pelos cidadãos. Consoante referências anteriores, as alterações realizadas frequentemente são motivadas pela necessidade de ajustar orçamentos ou de se adequar às novas demandas sociais, resultantes da evolução natural da sociedade.

Dada a finitude de recursos públicos, quando o Estado passa a atuar em alguma nova área invariavelmente terá de reduzir seu alcance em outra, daí resultando a necessidade de modificar situações sobre as quais recaía confiança legítima de que haveria continuidade e, assim, frustrando a expectativa de seus cidadãos. Como se vê, a ofensa à confiança, sempre que o Estado agir de maneira ideal, é uma consequência inevitável da adequação das proteções às novas demandas da sociedade em geral ou a eventual nova situação orçamentária.

Não se constatando, na ação estatal que atenta contra a confiança, um dolo de assim fazê-lo, igualmente não parece irrazoável acreditar que, tanto o legislador quanto o agente administrativo, possam assumir o compromisso de mitigar, tanto quanto possível, os danos causados aos particulares quando as leis ou atos que produzem afrontarem a segurança jurídica. É claro que não se tem a ingenuidade de acreditar que tal compromisso seria assumido espontaneamente, sem necessidade de instrumentos de coação – situação esta, que, no entanto, foge do objeto do presente.

Porém, uma vez assumido tal compromisso, a proteção ressarcitória da confiança concedida simultaneamente ao ato ou lei que atentou contra a proteção da confiança em seu aspecto substancial parece se revelar um bom instrumento. O proposto poderia se concretizar com a estipulação de um valor indenizatório destinado a todos aqueles que comprovem terem sido afetados pela alteração legislativa ou administrativa, com o fornecimento de um serviço equivalente ao que fora ofertado ou com medidas que gerassem para o particular o mesmo resultado esperado da medida que fora suprimida.

Especificamente quando se fala em alterações que reduzem as prestações sociais necessárias à dignidade da pessoa humana, esse aspecto ganha ainda mais relevância. Ora, se a pretensão legislativa ou administrativa tem o potencial de afetar o mínimo existencial e partindo-se do já afirmado pressuposto da dificuldade que circunda a determinação prática do que caracteriza o núcleo essencial de um direito e, consequentemente, do que afronta a dignidade da pessoa humana, poder-se-iam evitar longas e ineficazes discussões sobre uma valoração um tanto subjetiva por meio da proatividade do Estado.

Essa proatividade consistiria em, ao identificar que um ato (legislativo ou administrativo) possui o potencial de afetar prestações sociais diretamente relacionadas à dignidade da pessoa humana e após (e somente após) retirar do ato todos os aspectos redutores de direitos que são dispensáveis à consecução do objetivo constitucionalmente justificável pelo qual o ato está sendo praticado, dimensionar o potencial de cidadãos que teriam sua segurança jurídica afetada, dimensionar em qual intensidade houve a quebra da proteção da confiança[19] e, ao fim, estabelecer uma forma justa e

---

[19] Aqui, não se pode esquecer do critério sustentado por Ingo Sarlet, no sentido de que "tanto maior deverá ser a garantia da segurança jurídica individual, quanto mais merecedora de proteção for a confiança depositada pelo indivíduo no sistema vigente, proteção esta vinculada também ao fato

proporcional de indenizá-lo.

Deve-se ressaltar que essa indenização, contrariamente ao que pode transparecer em um primeiro momento, não necessariamente deve ocorrer através de pecúnia. Consideradas as peculiaridades de cada caso concreto e conforme a natureza do direito fundamental social que estiver sendo objeto de necessário retrocesso, é possível que a garantia da prestação social por mais algum período, sendo reduzida em amplitude com o passar do tempo, numa espécie de transição do estado jurídico anterior ao novo, revele-se muito mais interessante ao particular, além de eficaz sob o ponto de vista da dignidade da pessoa humana, fundamento republicano.

Nessa toada, poder-se-ia falar que as regras de transição, quando proporcionais e razoáveis, caracterizam também uma manifestação da proteção ressarcitória simultânea da confiança, nos moldes em que aqui defendida.

A defesa dessa natureza de ressarcimento é justificada, inicialmente, como não poderia deixar de ser, pelo menor grau de quebra da confiança legítima experimentado pelo cidadão. Quando um indivíduo tem sua confiança legítima frustrada e, só depois de algum tempo, mediante processo judicial, obtém uma reparação pelos danos sofridos, o transcorrer do tempo entre o ato que afrontou sua segurança jurídica e a efetiva reparação faz com que o sujeito vivencie com toda intensidade a quebra da confiança.

Por outro lado, se, no exato momento em que tem conhecimento de que sua confiança fora quebrada, o cidadão também é informado de que estará acobertado por regras de transição, pela continuidade do serviço por um certo período e/ou por indenização pecuniária suficiente, a frustração experimentada será presumidamente muito menor. O cidadão só sentirá a frustração em relação àquilo que não estiver acobertado pelo ressarcimento.

Em suma, se, com a proteção ressarcitória posterior, o sujeito de direitos sofreria a quebra da confiança na extensão total do retrocesso representado pelo ato ou lei em questão, com a proteção ressarcitória simultânea a quebra da confiança sentida será a correspondente ao ato, mas subtraídos, mitigados os efeitos que forem amenizados pelo ressarcimento imediato. Enquanto a afronta à segurança jurídica no primeiro caso seria representada pelo completo grau de retrocesso do ato, no último o desrespeito à segurança poderia ser traduzido na seguinte fórmula: *retrocesso do ato − ressarcimento imediato = afronta à segurança jurídica mitigada.*

No caso específico em que o ato legislativo ou administrativo represente uma redução das prestações concretizadoras de direitos fundamentais sociais, esse aspecto adquire ainda maior relevância, uma vez que, partindo-se da ligação estreita entre a garantia de um direito social e a dignidade da pessoa humana que possui direito subjetivo a esta garantia, deve-se buscar que o

---

tempo". (SARLET, 2005).

sujeito sinta os efeitos do ato restritivo na menor intensidade possível, desde o primeiro momento, sob pena de ofensa a vida digna. Nesse aspecto não basta que a ofensa à dignidade seja posteriormente reparada, o importante é que tal ofensa nunca ocorra.

Imagine-se o caso de uma escola de ensino fundamental que é subitamente fechada pelo município, em razão dos altos custos para mantê-la e da baixa quantidade de estudantes que nela estão matriculados, em virtude de sua localização em área isolada e de pouca densidade demográfica. Nessa situação, os alunos seriam transferidos para outra escola, distante cerca de dez quilômetros da que fora fechada, não existindo transporte público que realize o trajeto entre a região em que os alunos residem e a escola para a qual foram transferidos.

Em um caso assim, a proteção ressarcitória tradicional, assegurada mediante processo administrativo ou judicial, caso demorasse um mês para ocorrer, significaria um mês de evasão escolar para todos os alunos que frequentavam a escola que fora fechada. Caso demorasse mais de um mês para ocorrer, em atenção à realidade do tempo de tramitação de processos em nosso país e à demora mesmo no cumprimento de medidas liminares, os alunos perderiam uma carga enorme de conteúdo, que dificilmente seria recuperada após o seu retorno aos bancos escolares. Haveria enorme chance de desempenho insuficiente em provas e, ao final do ano letivo, reprovação; ou seja, a perda de um ano letivo em razão de alguns meses sem proteção jurídica garantida; um enorme prejuízo aos estudantes, à sua própria dignidade, em razão do transcurso de tempo entre o ato e o ressarcimento.

Por outro lado, se, quando o ente municipal decidisse pelo fechamento da escola já providenciasse transporte escolar gratuito para que os alunos da escola fechada fossem até a sua nova escola, desde o primeiro dia da transferência, a ofensa ao direito à educação simplesmente não ocorreria. É possível, sim, que algum desconforto adviesse da nova situação, visto que os alunos perderiam mais tempo no deslocamento até a sua escola. Entretanto, unicamente em razão da simultaneidade com que foi apresentada a proteção ressarcitória da confiança, não se poderia sustentar nenhum desrespeito a direito fundamental social e, muito menos, à dignidade da pessoa humana.

Dessa forma, resta nítido o alinhamento da proteção ressarcitória simultânea da confiança com a dignidade da pessoa humana, porquanto, em vez de meramente assegurar que a vida digna seja restaurada em algum momento, garante que a dignidade sequer seja afetada.

O segundo argumento para defesa da proteção ressarcitória de forma simultânea tem suas raízes na já comentada falta de critérios mensuráveis para se avaliar, em momento anterior à elaboração do ato administrativo ou legislativo, se tal ato interfere ou não no núcleo essencial de um direito constitucionalmente previsto. Considerando que o núcleo essencial de um direito social já concretizado não pode ser objeto de restrições na concretização, sob pena de inconstitucionalidade por afronta ao próprio direito e à segurança jurídica, importaria ao legislador e ao administrador terem mecanismos que lhes permitissem, ainda durante o processo de elaboração do ato, conferir com certo grau de certeza, se a medida que se pretende concretizar poderá afetar o núcleo essencial de algum direito ou não.

Ocorre que, na mesma linha da crítica já feita à utilização deste critério, não existe uma definição segura sobre o que compõe o núcleo essencial de um direito e o que está fora, na esfera de disposição do legislador caso seja necessária uma redução de prestações sociais. Essa definição dependerá de uma valoração a ser feita *a posteriori*, conforme o caso concreto, e poderá ser tão diferente quanto sejam as experiências de vida e os valores pessoais de cada um dos indivíduos que fará a valoração[20].

Dessa maneira, ainda que o legislador ou administrador se revista de todas as cautelas e faça uma valoração crítica de seu ato para que ele não caracterize ofensa ao núcleo essencial de um direito fundamental, não serão pequenas as chances de que posteriormente o ato seja questionado e declarado inconstitucional em juízo, haja vista a possibilidade de que o juiz valore a situação de forma divergente já que não existem critérios seguros para essa valoração.

Daí decorre que poucos são os atos administrativos (e, em alguma parcela, os legislativos) elaborados com segurança. O administrador normalmente tem o receio de que seu ato seja revisto judicialmente e necessita sempre estar preparado para tanto, especialmente sob o aspecto financeiro, caso seja condenado ao cumprimento imediato de alguma decisão judicial que demande despesas ou o retorno ao *status quo* para que seja restabelecida a segurança jurídica e o estado de confiança.

Caso se adotasse a proteção ressarcitória simultânea da confiança, no entanto, haveria menos empecilhos no que tange à valoração feita antes do ato que se pretende editar e ao planejamento do ente administrativo. Explica-se: a proteção ressarcitória consiste em fornecer ao cidadão potencialmente afetado pelo ato restritivo algo que compense a sua perda. Essa compensação

---

[20] Cabe relembrar aqui que o próprio Ingo Wolfgang Sarlet, que defende o critério do núcleo essencial de cada direito como limite absoluto às restrições realizadas pelo legislador e pelo administrador, ressalta a variabilidade do conceito de mínimo existencial, justamente por ser ele o conjunto de também indetermináveis núcleos de direitos essenciais, que também variam conforme o momento histórico, econômico, social e geográfico: "[...] também no âmbito da proibição do retrocesso importa que se tenha sempre presente a circunstância de que o conteúdo do mínimo existencial para uma vida digna encontra-se condicionado pelas circunstâncias históricas, geográficas, sociais, econômicas e culturais em cada lugar e momento em que estiver em causa [...]." (SARLET, 2005)

poderá ser tanto pecuniária quanto em serviços prestados pelo Estado ou por terceiros por ele contratados ou ainda de outra forma que pareça adequada à situação em concreto. O importante quando se define qual a modalidade de ressarcimento é que haja alguma semelhança entre o grau de proteção que será retirado do cidadão pelo ato restritivo e o que lhe será concedido mediante proteção ressarcitória simultânea. A verificação da semelhança, no caso prático, mostrar-se-á muito mais fácil e objetiva do que a constatação de ter havido ou não ofensa ao núcleo essencial de um direito fundamental social.

Tome-se como exemplo o mesmo caso da escola que será fechada pelo ente municipal e imagine-se que não foi ofertada aos alunos nenhuma espécie de proteção ressarcitória simultânea (a qual, no caso anterior, foi constituída pelo fornecimento de transporte escolar gratuito a outra escola). Suponha-se também que não há nenhuma lei obrigando o ente público ao fornecimento de transporte escolar gratuito.

Nesse caso, mostra-se bastante possível que alguns defendam que houve afronta ao núcleo do direito à educação, porquanto os estudantes, para frequentar a nova escola distante, teriam de recorrer a fontes alternativas de transporte, dispendendo para isso elevado valor monetário, o que para famílias de menor poder aquisitivo representaria verdadeira impossibilidade de assiduidade à instituição de ensino. Por outro lado, também é possível a sustentação de que não houve afronta ao núcleo do direito à educação, eis que o município permaneceu mantendo uma escola aberta e com vagas disponíveis para os alunos da escola fechada (núcleo do direito), ao passo que o transporte gratuito até a instituição de ensino, embora seja desejável e recomendável, está fora do núcleo essencial do direito à educação. Todos podem assumir um lado e defendê-lo nesse debate, mas certo é que critérios objetivos e seguros para resolver qual das duas opiniões deve prevalecer ainda não há.

Por outro lado, uma vez aplicada a proteção ressarcitória simultânea da confiança, o importante seria buscar uma prestação com semelhante grau de proteção social em relação à prestação restringida, o que parece tarefa menos complexa. Em síntese, faz-se uma troca de prestações similares (não equivalentes). Prosseguindo no mesmo exemplo dado: troca-se uma escola pública e gratuita próxima à residência dos alunos por uma escola pública e gratuita distante da residência, porém com disponibilização de transporte gratuito para ir e voltar dela.

Essa simplificação acerca de como proceder (substituindo prestações semelhantes e não mais valorando aspectos de difícil determinação) guarda em si o potencial de reduzir a discussão e a dúvida sobre ter havido violação à vedação do retrocesso ou não. Acaso realmente reduzida, a consequência lógica é que igualmente reduziriam os processos em que se questiona a constitucionalidade de atos supostamente lesivos ao núcleo do direito, especialmente aqueles ajuizados por especulação, na esperança de que, no vazio de critérios seguros, o julgador faça valoração contrária à do legislador ou administrador e declare nulo o ato.

Por fim, o terceiro argumento favorável à adoção da proteção ressarcitória em simultâneo guarda estrita relação com o anterior e consiste na possibilidade de o administrador constatar mais facilmente se a medida restritiva que se pretende adotar será realmente mais benéfica aos cofres públicos.

Já se relatou que não existem parâmetros objetivos para se verificar *a priori* se um ato afronta o núcleo essencial de um direito ou não, ficando o legislador e o administrador à mercê de valorações subjetivas feitas por si e, posteriormente, pelo julgador caso seu ato seja questionado judicialmente. Igualmente se aduziu que essa incerteza faz com que o administrador necessite estar preparado para uma eventual decisão judicial determinando que volte a prestar os mesmos serviços aos cidadãos ou que os ressarça financeiramente pelos prejuízos experimentados em quantia a ser definida no processo – quantia esta que é desconhecida pelos agentes públicos.

Todavia, com a adoção do critério de substituir uma prestação social por outra com grau similar de proteção do mesmo direito fundamental, o administrador, que já deverá ter em mãos os custos da prestação vigente, poderá efetuar um comparativo com os custos previstos da prestação ressarcitória e decidir criteriosamente se vale mais a pena manter a prestação atual ou então reduzi-la e ressarcir as consequências da redução.

Retornemos ao exemplo prático: constatando que a manutenção da escola está sendo deveras custosa ao erário, o administrador pode verificar o custo do transporte gratuito até a escola que receberá os alunos (prestação ressarcitória) e compará-lo com os custos mensais de manter a primeira escola em funcionamento. Sendo menos custoso fornecer o transporte, provavelmente optará pelo fechamento da escola e por transferir seus alunos a outra. Porém, tendo em vista que não se violou o direito à educação com essa medida, possivelmente pouquíssima ou nenhuma demanda judicial seria proposta questionando tal medida, sendo pouco provável que alguma fosse provida.

Por outro viés, se o administrador apenas fechasse a escola e aguardasse até que alguma ação judicial o obrigasse à proteção ressarcitória da confiança em momento posterior, não conseguiria prever os custos dessa proteção, pois os seus termos seriam definidos não por si, mas por um juiz ou tribunal. Ora, considerando que a administração pública consiste justamente em manejar os recursos públicos de forma a dar-lhes o melhor aproveitamento possível, não há como se defender que esta última opção, na qual não se tem condições de prospectar custos, seja a melhor.

Diante do que foi exposto até aqui, pode-se, portanto, concluir pela impossibilidade temperada de se elaborarem atos, administrativos ou legislativos que importem redução do padrão geral de prestações sociais mantido até então. Em que pese não se possa querer do Estado uma postura estática, imóvel, tal qual uma estátua, igualmente não se pode ser leniente com a ingerência do poder estatal na esfera de direitos subjetivos do cidadão sem que seja realmente demonstrada a necessidade de interferir e reduzir a concretização de tais direitos.

Há, entretanto, considerável dificuldade teórica de se estabelecer um modelo de regras ou parâmetros para verificar se restrições sociais praticadas por entes públicos são legítimas ou estão violando a cláusula de vedação do retrocesso e o princípio da segurança jurídica. A fim de reduzir tal complexidade e render mais estabilidade quanto a uma questão tão importante quanto a efetivação de direitos fundamentais sociais, pode ser adotada a técnica da proteção ressarcitória simultânea da confiança, que não consiste em indenizar o particular pelos danos sofridos em razão da ofensa do Estado à confiança legítima após ser provocado, mas sim no mesmo momento em que decide por adotar o ato restritivo.

É claro que, para que tal técnica seja incorporada e praticada pelos entes públicos, não se pode esperar um fenômeno espontâneo, sendo preciso incorporá-la às regras de direito administrativo e, até mesmo, constitucional ou legislativo (para que seja aplicada também no processo de elaboração de leis). Todavia, partindo-se das vantagens que advém da utilização de tal técnica (redução de demandas judiciais, maior possibilidade de controle do orçamento público e menor grau de quebra da confiança legítima dos cidadãos, constata-se a existência de motivos suficientes para que ela passe a fazer parte de nosso ordenamento jurídico, como condição para que prestações concretizadoras de direitos sociais possam ser restritas.

Não há dúvidas, assim, de que o princípio da segurança jurídica, que engloba a proteção da confiança, está umbilicalmente conectado ao princípio do Estado de Direito e ao compromisso com a busca pela dignidade da pessoa humana, devendo ser esta o fim último das ações estatais e tendo a possibilidade de ressarcir simultaneamente em razão da quebra da confiança como limite a qualquer ato tendente a reduzir prestações sociais.

4 CONSIDERAÇÕES FINAIS

Considerando que a segunda dimensão de direitos possui a intenção primeira de orientar e limitar a atuação estatal, no sentido de que seja concretizada a dignidade da pessoa humana, a violação a qualquer das formas de direito por entes públicos deve ser evitada e, caso ocorra, controlada.

Os direitos sociais, por sua característica natural de exigirem dos entes estatais prestações positivas para serem efetivados, estão sujeitos a situação de vulnerabilidade dentro do ordenamento jurídico, uma vez que é possível afrontá-los mediante reduções orçamentárias e normas infraconstitucionais que disciplinem a forma e a extensão de sua aplicação. Para agravar, tal afronta pode ocorrer mascarada pelo texto constitucional, que continuará trazendo em si extenso rol de direitos sociais, embora quase todos eles não efetivados pela ausência de dispositivos infraconstitucionais que os concretizem.

Dada a recorrência dos discursos políticos voltados à redução de prestações sociais como bode expiatório para a crise econômico-financeira que se vivencia atualmente em diversas nações, a matéria ganha importância contemporânea e clama por soluções norteadoras das medidas redutoras de direitos fundamentais sociais que se pretende implementar.

Em que pese a inexistência de um critério seguro para aferir qual é o limite da restrição de prestações sociais sem que tal redução implique violação dos direitos sociais em sua substancialidade, uma vez que a discussão se insere no contexto do Estado Democrático de Direito, marcado pelo princípio estruturante da segurança jurídica, a esta se pode recorrer para procurar resolver a questão.

Os desdobramentos da segurança jurídica, em especial a proteção da confiança legítima, e os desdobramentos desta, em específico a proteção da ressarcitória simultânea, podem ser guias na elaboração de atos administrativos ou legislativos tendentes a reduzir prestações sociais, motivando que estes, paralelamente, gerem a menor quebra de confiança possível para com os cidadãos.

Certo é que os direitos sociais deveriam deixar de se revelarem direitos oponíveis ao Estado, mas direitos esperados deste. Em uma situação ideal, não deveria haver, entre particular e público uma tensão de expectativas resultante de uma relação antagônica. Ora, ambos nortear-se-iam pela busca da dignidade da pessoa humana, como uma relação entre credor e devedor, na qual ambos têm como fim a realização do negócio entre si.

Não há que se optar por um discurso favorável somente aos cidadãos ou somente ao Estado. Considerando que o último só existe em razão dos primeiros e que deve se orientar segundo as demandas e necessidades destes, a opção por uma técnica que encontre as expectativas de ambos se revela uma alternativa desejável.

Dessa forma, defende-se a proteção ressarcitória simultânea da confiança como forma de obter o comprometimento estatal com a não violação de direitos sociais, do princípio da segurança jurídica e da vedação do retrocesso, em troca da possibilidade de melhor planejamento orçamentário, de redução de demandas judiciais e de maior grau de liberdade da elaboração de seus atos sem, como não poderia deixar de ser, interferir na vida digna de seus cidadãos.

5 REFERÊNCIAS

BARROSO, Luís Roberto. A segurança jurídica na era da velocidade e do pragmatismo. **Revista de Direito:** Centro de Estudos da Procuradoria Geral do Estado de Goiás, Goiânia, v. 21, n. 1, p. 55-72, jan./dez. 2001. Disponível em: <http://www.pge.go.gov.br/revista/index.php/revistapge/article/view/10 2/86>. Acesso em 03 jun. 2018.

______. Em algum lugar do passado: segurança jurídica, direito intertemporal e o novo Código Civil. **Revista Brasileira de Estudos Políticos**, Belo Horizonte, v. 20, p. 33-68, jul./dez. 2004. Disponível em: <https://pos.direito.ufmg.br/rbep/index.php/rbep/article/view/3/2>. Acesso em 29 jun. 2018.

BAUMAN, Zygmunt. **Europa**. Rio de Janeiro, Jorge Zahar, 2006.

BOBBIO, Norberto. **Teoria do ordenamento jurídico.** 2. ed. São Paulo: EDIPRO, 2014.

BONAVIDES, Paulo. **Curso de Direito Constitucional.** 16. ed. São Paulo: Malheiros, 2005.

______. **Do estado liberal ao estado social.** 11. ed. São Paulo: Malheiros, 2014.

BRASIL. Constituição (1988). **Constituição da República Federativa do Brasil de 1988**. Brasília, DF, Disponível em: <http://www.planalto.gov.br/ccivil_03/constituicao/constituicaocompilad o.htm>. Acesso em: 25 ago. 2017.

BRASIL. Supremo Tribunal Federal. Recurso Especial n° 449.210.

Recorrente: BTU - Bahia Transportes Urbanos Ltda.. Recorrido: Eduardo Apê Alves Freire. Relator: Ministro Cezar Peluso. Brasília, DF, 12 de junho de 2012. **Diário da Justiça Eletrônico**. Brasília, 01 ago. 2012. Disponível em: <http://www.stf.jus.br/portal/processo/verProcessoPeca.asp?id=7690100 1&tipoApp;=.pdf>. Acesso em: 14 jun. 2017.

BÜLOW, Oskar von. **Teoria das exceções e dos pressupostos processuais.** Tradução e notas de Ricardo Rodrigues Gama. São Paulo: LZN, 2005.

CALMON DE PASSOS, J. J. **Democracia, participação e processo.** *In:* GRINOVER, Ada Pellegrini; DINAMARCO, Cândido Rangel; WATANABE, Kazuo. Participação e Processo. São Paulo: RT, 1988, p. 83-97.

CANOTILHO, José Joaquim Gomes. **Direito constitucional.** 5. ed. Coimbra: Almedina, 1992.

CAPELLETTI, Mauro. Repudiando Montesquieu? A expansão e a legitimidade da justiça constitucional. **Revista do Tribunal Regional da 4ª Região**, Porto Alegre, ano 12, n. 40, p. 15-49, 2001. Disponível em: <http://www.trf4.jus.br/trf4/revistatrf4/arquivos/Rev40.pdf >. Acesso em 29 jun. 2018.

COUTO E SILVA, Almiro do. Princípio da segurança jurídica no direito administrativo brasileiro. In: CAMPILONGO, Celso Fernandes; GONZAGA, Alvaro de Azevedo; FREIRE, André Luiz (Coord.). **Enciclopédia jurídica da PUC-SP**. Tomo: Direito Administrativo e Constitucional. Vidal Serrano Nunes Jr., Maurícia Zockun, Carolina Zancaner Zockun, André Luiz Freire (coord. de tomo). 1. ed. São Paulo: Pontifícia Universidade Católica de São Paulo, 2017. Disponível em <https://enciclopediajuridica.pucsp.br/verbete/17/edicao-1/principio-da-seguranca-juridica-no-direito-administrativo-brasileiro>. Acesso em: 02 jun. 2018.

ESPINDOLA, Ana Luiza Kubiça Pavão. **A (im)parcialidade do julgador criminal quando da identificação com a vítima:** um estudo a partir de crimes sexuais contra mulheres. 2016. 66 f. Trabalho de Conclusão de Curso (Bacharel em Direito) – Curso de Direito, Universidade Federal de Santa Maria (UFSM), Santa Maria, 2016.

FREITAS, Marisa Helena D'arbo Alves de. **Vítima de crime e processo**

penal: novas perspectivas. [S.l.], 2012. Disponível em: <http://www.publicadireito.com.br/artigos/?cod=0332d694daab22e0>. Acesso em: 14 abr. 2018.

GOMES, Júlio de Souza; ZAMARIAN, Lívia Pitelli. **A dinamicidade da segurança jurídica: do estado liberal à sociedade de risco.** Disponível em: <http://publicadireito.com.br/artigos/?cod=21fc29fd6ec2b0df>. Acesso em: 05 jun. 18.

LAFER, Celso. **A reconstrução dos direitos humanos:** um diálogo com o pensamento da Hannah Arendt. São Paulo: Companhia das Letras, 1988.

MAFFINI, Rafael. Princípio da proteção da confiança legítima. In: NUNES JÚNIOR, Vidal Serrano et al. **Enciclopédia jurídica da PUCSP.** São Paulo: Pontifícia Universidade Católica de São Paulo, 2017. t. 2: direito administrativo e constitucional. Disponível em: <https://enciclopediajuridica.pucsp.br/verbete/120/edicao-1/principio-da-protecao-da-confianca-legitima>. Acesso em: 29 maio 2018.

MARINONI, Luiz Guilherme. **Teoria geral do processo.** v. 1, 3. ed. rev. e atual. São Paulo: RT, 2008.

MONTESQUIEU, Barão de. **Do espírito das leis.** São Paulo: Abril, 1973.

NOVAIS, Jorge Reis. **Direitos fundamentais:** trunfos contra a maioria. Coimbra: Coimbra, 2006.

PIOVESAN, Flávia. **Direitos humanos e o direito constitucional internacional.** 14 ed. rev. e atual. São Paulo: Saraiva, 2013.

RECASENS SICHES, Luis. **Tratado general de filosofia del derecho.** 19 ed. Mexico: Porrúa, 2008.

ROUSSEAU, Jean-Jacques. **Do contrato social.** 1. ed. São Paulo: Martin Claret, 2013.

SARLET, Ingo Wolfgang; MARINONI, Luiz Guilherme; MITIDIERO, Daniel. **Curso de Direito Constitucional.** 6 ed. rev. e atual. São Paulo: Saraiva, 2017.

SARLET, Ingo Wolfgang. A eficácia do direito fundamental à segurança jurídica: dignidade da pessoa humana, direitos fundamentais e proibição de retrocesso social no direito constitucional brasileiro. **Revista Brasileira de Direito Público**, Belo Horizonte, v. 3, n. 11, p. 11-156, out./dez. 2005. Disponível em: <http://www.direitodoestado.com.br/artigo/ingo-wolfgang-sarlet/a-eficacia-do-direito-fundamental-a-seguranca-juridica-dignidade-da-pessoa-humana-direitos-fundamentais-e-proibicao-de-retrocesso-social-no-direito-constitucional-brasileiro>. Acesso em: 30 jun. 2018.

SILVA, Ovídio A. Baptista da; Democracia moderna e processo civil. In: GRINOVER, Ada Pellegrini; DINAMARCO, Cândido Rangel; WATANABE, Kazuo (Coord.). **Participação e Processo**. São Paulo: Revista dos Tribunais, 1988, p. 98-113.

VILLIERS, Bertus de. **The socio-economic consequences of directive principles of state policy:** limitations of fundamental rights, 1992.

WAMBIER, Teresa Arruda Alvim. Estabilidade e adaptabilidade como objetivos do direito: civil law e common law. **Revista de processo:** RePro, v. 34, n. 172, p. 121-174, jun. 2009. Disponível em: <http://www.egov.ufsc.br/portal/sites/default/files/estabilidade_e_adapt abilidade_como_objetivos_do_direito_civil.pdf>. Acesso em: 01 jul. 2018.

SOBRE A AUTORA

Ana Luiza é graduada em Direito pela Universidade Federal de Santa Maria, Especialista em Direito do Estado pela Universidade Federal do Rio Grande do Sul e Mestra em Direito Público pela Universidade do Vale do Rio dos Sinos. Acredita na concretização de direitos sociais como condição para que todos os demais direitos sejam exercidos. Atuando como Procuradora de entidades públicas desde 2020, dedica-se a entender como todos os setores estatais podem se engajar para melhor tutelar direitos de segunda dimensão.